いずれ起業したいな、と思っているきみに17歳からのスタートアップの授業

アントレプレナー入門

エンジェル投資家からの10の講義

古我知史
koga satoshi

BOW BOOKS

はじめに

日本も、いよいよだ。この10年、20年、もう少しかかるかもしれないが、100年後に振り返ったときに、変革と創造の時代だったと言われる、そんなベンチャー隆盛の時代に突入している、そう感じている。

それを具現化するのは、いまの若い人たちだ。小中高生、大学生が、30年後、ビジネスを、産業を、生活を、社会を、大きく革新する。生き生きと、魅力的な、楽しくて、みんなが幸せに感じられるものに変えてくれる、と信じている。

わたしの母校の話で恐縮だが、大阪府立三国丘高校が2016年と19年の二回も「創造力、無限大∞高校生ビジネスプラン・グランプリ」(日本政策金融公庫主催)でグランプリを獲得、頂点に立った。2019年は全国からのエントリーが409校、応募総数は3808プランにのぼった。応募数は年々増加し、いまでは5000プランに達している。

「伸びやかで起業家精神を持つ人材を育てるお手伝いをしたい」という日本公庫の狙いは徐々に形になってきた。文部科学省も2023年度から、創造性や探求心を養うための起業家教育を強化すべく、小中高生向けのカリキュラム開発を促進すると発表した。未来の日本のイノベーションの担い手を本腰を入れて育成することは、国家の最重要課題であることを産官学で共有するに至ったわけだ。

しかし現実はまだまだだ。一人当たり国内総生産（GDP）の上位19カ国のうち、小中高校のアントレプレナーシップ教育に対する専門家評価ではフィンランドがトップで、日本は最下位（2021年GEM調査）。

ベンチャー立国と評される小国エストニアでは、国家のアントレプレナーシップ教育の学習成果目標が定められている。高校生に対しては、たとえば、「職業選択の一つとして起業があることを理解し、また、自分たちが起業家となることが可能であることを理解することが期待される」と明記されている。

シリコンバレーではご存知のとおり、優秀な学生ほど、起業、ベンチャーのチームに加わることがキャリア選択の最優先となっている。有名企業への就職よりもベンチャーのほうが圧倒的に人気がある。遅れること、30年、やっと日本でもちらほら、起業やベンチャー志望の学生が増えてきたようだ。

生成AIやロボティクスなどの第四次産業革命が勃興するいま、担い手となる若き起業家、アントレプレナーの出現は日本のみならず、地球と人類の、沸騰する期待だ。米国のシリコンバレーを震源地とする巨大テック・ベンチャー・ムーブメントの波は、GAFAMを生み、お隣中国でBATを誕生させた。その巨大な波はすでに地球を一周し、いまは二周目に入っている。世界中で四億人のアントレプレナーの卵が孵化しようとしている。日本は一周目こそパッシング（頭を素通り）されたが、この二周目の大きな波を見逃してはならない。そして、その希望は、きみだ。きみたちだ。

少しだけわたしの話をさせていただくと、わたしは大学卒業後、外資系メーカーと金融機関、コンサルティング・ファームという文化の違う三種類の組織人としてキャリアを経験した。その合間に三回の独立起業にチャレンジし、結果として三回目の起業で、起業家を見出し投資などを通して助け、伴走して事業育成をする、というベンチャーキャピタリストとなった。つまり、わたしも何もないところから、専門的な経験も積まず、それまでのキャリアの体験を総動員して、ベンチャーキャピタル業を起業したわけだ。20年以上、がむしゃらに取り組んできたことで、80社のベンチャーへの投資、事業育成の現場に参画することができたのは、何物にも代えがたい、石柱に刻み込むような至宝の体験となっている。

本書はわたしが主に大学で講義をしている内容をベースとして、書き下ろしたものだ。口語調にしているのは、そのライブ感を、そのままのリズム感で楽しんでいただきたいから。この10年ほど、起業を目指す大学生、院生、企業の若手のイントレプレナーを対象に、講義やワークショップをする機会が急に増えた。起業の機運は腰を据えて盛り上がっている。偶然か、運命か、本書と出逢っていただいたみなさんとともに、アントレプレナーシップとは何か？　ベンチャーの挑戦とはどういうものか？　についてご一緒に考えていきたい。

２０２３年8月　　古我知史

目次

第7講 2050年、テクノロジーとスタートアップの旅 211

第8講 ビジョンをビジネスモデルに練り上げる 249

第1講

アントレプレナーの勧め

ベンチャー？　スタートアップ？

スタートアップ。ビジネスの世界では、この言葉を耳にしない日はないくらいだ。ネットには、若くしてスタートアップに成功した青年たちの記事が溢れている。いずれは、自分もその仲間入りをしたい、そう夢見る十代もどんどん増えている。実際に、すでに準備を始めている十代もいる。きみはどうだろうか？

というわけで、これから、いずれ、スタートアップを始めたいと思っているきみへの個人レッスンを始めよう。

まずは、スタートアップって、何だ？　というところからだ。

スタートアップ、要するに起業、会社を起こすことだが、この言葉が日本で一般に使われるようになったのは、ほんのこの十数年のことだ。それまでは、「ベンチャー」という言葉が用いられていた。ベンチャー企業、ベンチャー企業家といった具合だ。

ベンチャーって何だと言えば、スペルを見ればわかる。Venture。Adventure。そう、アドベンチャー、冒険だ。もちろん、単なる冒険ではなくて、経済社会における冒険。冒険する企業だ。だからベンチャー企業の社長は、冒険家、挑戦者というイメージだった。

でも、いまでは、このベンチャー企業って言葉は、古典となりつつあるかもしれない。生まれる前にあまり使われなくなった言葉だ、という人もいるかもしれない。なぜあまり使われなくなったのかというと、実はこのベンチャーという言葉は和製英語だからだ。海外でもVenture-backed companyなどと表現することはあるが。

では、日本のベンチャーにあたるものは、アメリカでは何と言われていたかというと、それが、スタートアップ。始動した会社ということで、Start-upと言われていた。GAFA（Google, Amazon, Facebook, Apple）が生まれた１９９０年代後半からよく耳にするようになった。

それまで、そういう新しい会社は、small companyやmicro enterpriseなどと呼ばれたりしていた。

スモールカンパニー、まさに、日本なら、中小零細企業といったところだが、ちょっとここで、疑問が湧いてこないか？　昔からある中小企業や零細企業と、ベンチャーやスタートアップは、どこが違うのか？

数で言ったら、日本の会社のほとんどを占めている、昔ながらの中小零細企業とベンチャーを分ける要素はただ一つ。成長意欲の有無だ。**ベンチャーやスタートアップには壮大なビジョンがあり、そこに向けて成長していこうという意欲がある。**

さらに、ベンチャーとスタートアップの違いをあえて語る人もいる。いわく、ミッションや大義の有無にあると。**ミッション、志だ。**

一昔前のベンチャーに代わって、スタートアップという言葉が使われるようになったのは、単に、和製英語から世界共通の言葉に言い直した、というだけでなく、アメリカで注目されたスタートアップは、それぞれが誰も成し得ない大きな未来社会の課題解決を目指すところから始まったからだ。

それまでのベンチャーの場合、こういうビジネスで、できるだけ早くIPO（上場）して、創業者利益を得て、早期リタイアする、というのをゴールに始める人も少なくなかったようだが、**スタートアップの起点は、未来の不可能とも思える社会課題の解決にある。理想の未来の人類世界の構築にある。だから、ミッション、志だ。**

いずれスタートアップ、ベンチャーを自分で始めたい、と思っている人は、まず、どんな未来社会、どんな世界を理想とするのか、それに向けて何をするのか、**ミッションとビジョンを持つことが、文字どおりのスタート地点となる。**

そのために、必ず持っておきたい基本的な心構え、いわゆる、**アントレプレナーシップ＝企業家精神**を、徹底的にインプットするのが本書の目的だ。

なお、本書ではベンチャーと主に表記し、さらにベンチャーの初期段階をスタートアップと呼ぶことにする（詳しくは第2講を見てほしい）。

また、最近では「起」業家精神と記述されるが、語源と本質は「企」業家精神なので、こちらの漢字も併記することにしたい。

挑戦せよ。そして、早く失敗せよ

まず、いの一番にお伝えしたいのが、

Fail Fast

直訳すれば、**「早く失敗しろ」**だ。スタートアップの世界では当たり前のように繰り返し言われていることだ。失敗するんだったら、早くしろと。そして、

Freedom to Fail

「失敗する自由」だ。これは、若いきみたちの特権でもある。もちろん、四十になっても、五十になっても、Freedom to Failという権利はある。ただ、回数から言っても、早くやっておいたほうがいいだろう？　十代から始めて、二十代、三十代、四十代、五十代と、権利を行使し続ければいい。

多くの場合、若いうちにたくさん失敗をしておくほど、それも、「本格的な失敗」の経験を積んでおけばおくほど、歳を取ったときに失敗しなくなる。

だから、Fail Fast。若いうちに、早いうちに失敗をしておいたほうがいいというわけだ。

いま、本格的な失敗の経験、と言ったが、たとえば、朝寝坊をして重要な商談をふいにしたとか、電車をミスったとか、それらは失敗とは言わない。単なる日常に起きるミステイクだ。ここで言う失敗というのは、そんなものではなくて、**人生を賭けた、自分の全人格を賭けた挑戦の結果**のことだ。

挑戦なきところに失敗は生まれない。
挑戦があるところにしか、失敗は生まれない。

「ちょっとまた失敗したよ」というその失敗は、本当に自分の全人生や全人格とか、あるいは全財産、持てる時間のすべてとかを賭けて挑戦した結果の失敗なのか？

そうでないとしたら、失敗とは言わないでほしい。人生の谷底に叩きつけられる本格的な失敗を、Fail Fast。早いうちに経験してほしい。

もちろん、だからといって、失敗をゴールに何かを始める人はいないだろうし、そうしろと言っているのではない。学生のうちであれば、クラブ活動の大事な試合でも発表会でも、**目指すゴールに向けて、一切悔いのないようにすべてを賭けて準備をしてほしい**ということだ、失敗を恐れず。

ここで重要なのは、**成功が人生の目標ではない**、ということだ。**成功に目標を置いてはいけない。**成功を目標とすると、たいていうまくいかない。だいたい成功する確率なんて、成功した人が言うほど高くはない。世間では成功例が目立つから、みんな成功しているように見えるかもしれないが、その成功事例の裏側には、その何十倍もの失敗事例がある。

では、何を目標にしたらいいのか？

もちろん、失敗ではない。

目標は、挑戦だ。

人生の目標は、必ず、挑戦に置く。

すべて、**挑戦という目標に向かって自分の人生を組み立てる。**職業人生もプライベートな人生も。

早いうちからその癖をつけておけば、かなり高い確率で、早いうちに成功するだろう。もちろん、たくさんの失敗はある。しかし必ず、どこかで成功する。

Appleの共同創業者でありCEOであったスティーブ・ジョブズがスタンフォード大学でのスピーチで語った言葉、有名なので、きみも聞いたことがあるかもしれない。

Stay Hungry, Stay Foolish

彼は、この言葉をスタンフォードの学生たちにメッセージとして放ったわけだが、自分自身に対しても言い聞かせていたんだろうと思う。大成功した自分自身に向けて、もっとハングリーでいなきゃいけないんだと。

そして、Stay Foolish。これがどういう意味かは、人から見て、どういう振る舞いが馬鹿に見えるかを想像してみるといいだろう。あることに集中しすぎている状態だ。

実際、スタートアップの頃のスティーブ・ジョブズ、同時代の好敵手、Microsoftの共同創業者であるビル・ゲイツも、集中すると、靴も履かない、髪もとかさない、顔さえ洗わない、ご飯も食べない、友だちとの約束も忘れている。端から見たら、ほとんどヒッピーで、いわば狂乱状態だった。

挑戦とは、それくらいでないとホンモノではないということだ。

人生を決める選択の二つの基準

次にお伝えしたいのは、**選択**についてだ。

今日、きみはたまたまこの本を知り、読んでいる。たまたま、いまの学校に通っている。いまのクラブ活動をしている。たまたまではあるが、いまそこにいるきみは、さまざまな人生の選択の結果のきみなんだ。日常の些細なことから、学校選びのような結構大事なことまで、たくさんの選択肢の中で、何を選ぶかによって、人生が決まっていく。

ああ、何時に起きようか。昨日夜中までスマホで遊んで眠いけど、やるべきことがあるな。よし、あと1時間寝て、6時には起きよう。いやーもう眠い、もういいわ、とりあえず10時まで寝ていよう……これも、人生の選択の一つだ。お昼に何を食べるか、誰と一緒に帰るか、どの道で帰るか、それも選択だ。

こうした日常の選択の中で、結構大きいのは、今日、誰と会うか、誰と一緒に時間を過ごすか、誰と一緒に何をするのかということだ。友だち、彼女、彼氏、パートナー選びを考えてみればわかるだろう。いずれ、生涯の伴侶やスタートアップに挑戦する仲間に繋がる関係になるのかもしれない。

その**選択の積み重ねによって、人生は、かなり大きく変わる。**

このように、わたしたちは、常に多くの選択肢の中から、どれを選択するかを迫られている。いったい、何をどう選んだらいいのか？

選択のコツをお教えしよう。

①同時に選択できるものは、両方選ぶ。

常に、AかBかのどちらか一方を選ばなければいけないわけではない。二兎を追うものは一兎をも得ず、ではない。制約がなく**両方狙えるときは狙っていい**（もちろん、彼氏、彼女選びの場合は、やめたほうがいいだろうが）。

とはいえ、多くの選択肢の中から、どうしてもどれか一つを選ばなければならないこともある。時間の制約、お金の制約等、さまざまな条件、ボトルネックがあって、どれか一つにしなければならない。そういうときに、どれを選ぶか？

わたしが迷わずお薦めするのは、タフ（困難）なほうだ。

②Easy（簡単）なものとTough（困難）なものがあったら、迷わずToughなほうを選ぶ。

朝は10時ではなく、6時に起きることを選ぶ。合理的に考えて判断しようとすると、Easyなほうになる。だから、考えない。**考えずに、常にToughなほうを選ぶ。**すると、不思議なことに、人生は充実する。手応えが出てくる。そして、仲間が集まってくる。

なぜ、いま、この話をしているかというと、スタートアップでは、実は、最初の仲間が非常に重要だからだ。**最も困難な時期に集まってくる仲間こそが貴重**だからだ。Toughな選択をし続けると、そういう連中が集まってきて、仲間になる。そういう連中もみんな、考えない。自分の直感を信じて集まってくる。

そうすると、その仲間との間に、**HotSpotと呼ばれる、熱い集まりのるつぼができる。そのるつぼができると、そのコミュニティは、何かを成し遂げるまで、ずっとずっと熱い**のだ。

誰が世界を動かす人になるのか？

こういうお話をすると、そういうウザいことは自分は好きじゃないな、という人も出てくるかもしれない。そういう人は、多分、スタートアップに向いていない。この本の続きは読まなくてもいいと思う。

別に見捨てているわけではない。実際、ざっくり言って9割の人がそうだから、特に気にすることはない。

ただ、一つだけ言っておくと、**世の中を実際に動かしているのは、残りの1割のウザいヤツらだ。**彼らが、HotSpotの中にいて、熱い想いで世の中を良くしようとか、人々を幸せにしようとか、なんか、面白いことをやってやろうなどと、まわりのその他大勢に働きかけていく。結果として、残り9割の人も驚く、笑顔になる、楽しめる。世の中が、どんどん変わっていって、面白くなっていく。

だって、30年前には、スマホはなかった。Google検索もなかった。こんな簡単な世の中にしてくれた連中は、みんなシリコンバレーの大学発ベンチャーだった。彼らが、Toughな選択をしながら、常に挑戦をしていった結果、HotSpotコミュニティができた。そのコミュニティから、スタートアップのベンチャーが生まれていったわけだ。

先に、ベンチャーやスタートアップと、従来の中小零細企業を分かつものについて、社会課題の認識に基づくミッションと、こういう社会が理想だというビジョンがあり、そこに向けての強い成長意欲を持っているかどうか、という説明をした。

要は、ベンチャーや**スタートアップが目指しているものは、イノベーション、社会の変容、世の中の人々の行動変容なのだ。**壮大なビジョンと飽くなき成長意欲が世の中に実現するものは、イノベーションという言葉に表象される。

では、イノベーションとは何か？

たとえば、生活習慣を大きく変えるものは、生活におけるイノベーションだ。

例をあげれば、スマホがそうだ。いまではみんな何か物事を調べようと思ったら、スマホですぐにググるよね。昨今はスマホでChatGPTするかな。では、スマホで簡単に探索ができる前はどうしていたのか、思い出せる？　というか、知っているかな？

わたしがきみたちの年齢の頃は、図書館に行く、知っている人に聞くというのが正攻法だった。それがＷｅｂになって、インターネットになって、そしていまやウェアラブルな端末であるスマホに移った。

ウェアラブルというのは、身につけることができるという意味だが、文字どおりスマホはいまやわたしたちの身体のほとんど一部と化している。**これは明らかに、人間の行動変容だ。まさに生活のイノベーションだ。**

そういうイノベーションを起こすのがベンチャーの目指す姿、世の中に影響を与える姿だ。イノベーションによって、パラダイムを革新し、まったく新しい産業をつくるんだ。わくわくしない？

あるときは古い産業を破壊するかもしれない。一方で、あるときは、関連するさらに別の新しい産業をつくることになる。そうなると、多くの雇用、働く場所や職業を生み出せる。経済を活性化することになるんだ。

スマホだけじゃない。それ以前の、パーソナルコンピューターの産業や半導体産業も、SNSプラットフォームの産業、スマホなどのエッジデバイスの産業、量子コンピューターや生成AIの産業、あるいはビッグデータの産業とか……。その多くが、きみたちのご両親がきみたちぐらいの年齢のときには、存在しなかった。世の中になかったまったく新しい産業ばかりだ。

ほかにも、このごろ、なんとかテックという言葉を聞かない？ フィンテックとか、フードテックとか。テックはテクノロジーのこと。X-tech（クロステック）と総称される新しい産業の卵たちだ。

フードテックなら、「最新のテクノロジーを駆使することによって、まったく新しい形で食品を開発したり、調理法を発見したりする技術」となる。フェムテックというのもあって、フェムは、Femaleつまり女性を指し、「女性の健康に特化した技術や製品、サービス」となる。もし、きみが女性なら、たとえば生理に関する課題を最新のテクノロジーで解決するサービスとか、興味が湧かないか？

いまのところ、世の中にいちばん大きな影響を与えているのは、FinTech（フィンテック）だろう。Finは、Finance、つまり、金融。フィンテックは、金融における先進的テクノロジーでイノベーションを起こそうとするもので、たとえば、この本の最後の講でご紹介するピーター・ティールがつくったPayPalなんかはその代表だ。

詳しいことは、第10講を読むか、ChatGPTにでも聞いてもらえばわかると思うが、これは明らかに既存の銀行業界をはじめとする金融産業を壊し、新しい産業のあり方をつくろうとするものだ。

とはいえ、銀行も黙っちゃいない。実際には、IT企業と金融機関が連携・協働しながら先進的な金融サービスを提供するために、フィンテックを活用していく方向にある。

他にもクロステックは目白押しだ。ほんの一部を紹介すると、HealthTech（これはわかるよね、健康のテクノロジー）、AgriTech（農業のテクノロジー）、SportTech（スポーツのテクノロジー）、HRTech（企業の人材活用のテクノロジー）などなど、読んで字のごとく、あらゆる分野でことごとくだ。

これら同時多発的なクロステックの勃興が多様なイノベーションを生み出し、最終的には、未来の理想的な社会をつくっていくことになると思うが、ここでわたしが言いたかったのは、こうしたイノベーション、新しい産業、産業の変革は、ベンチャーから生まれているということだ。

すべての新産業は一つのベンチャー、スタートアップから生まれる。

その後、そのたった一つのベンチャーが切り開いた新しい市場へと、星の数ほどのたくさんのベンチャーが続々と参入する。そして、互いに切磋琢磨して、その新しい産業をつくるのだ。

すべてはたった一つのベンチャーが、必死に世の中に対して問いかけをするところから始まる。

それが、世の中におけるベンチャー、スタートアップの役割だ。

ベンチャーには本拠地がある

Googleも、Appleも、Facebookも、アメリカのシリコンバレーで生まれた。シリコンバレーは、ベンチャーの世界の聖地、総本山とも呼ぶべき本拠地だ。

でも、アメリカ西海岸だけではない。世界を見渡せば、ベンチャーの本拠地は、ヨーロッパにもいくつかある。たとえば、北欧スウェーデンのストックホルムは、フィンテックのスタートアップ・ハブ（集積するところ）として有名だ。イスラエルはBtoB（Business to Business）を中心にしたテクノロジー・ベンチャーの本拠地になっている。

それから、IoT、インターネット・オブ・シングス、最近ではIoE（インターネット・オブ・エブリシング）とも言われるが、これは、知っている？

要するに、インターネットに繋がった家電やデバイスのことで、それは、現時点では最終的に自動運転の車にも繋がっていくわけだが、このIoTベンチャーの本拠地とよばれるのが、台湾なんだ。大陸の中国の深圳《シンセン》もお化けの如く急成長した街で、そう呼んでもいい。深圳には一時ドローンの世界市場の8割をおさえたDJIという有名なベンチャーが生まれた。

でも、ベンチャーの本拠地の起点や基盤となるのは、実は、大学のコミュニティだ。そこから生まれるイノベーションを仕掛ける連中が、いわゆる大学発ベンチャー。大学というアカデミアの場が、スタートアップの機会と基礎を提供する。大学自身が、さまざまな知財や技術や人材を利活用するHotSpotになることを目指しているんだ。

あまり知られていないかもしれないが、日本の大学も例外ではない。もしきみがこれから進路を考えるのだとしたら、いまから起業してもいいけれど、スタートアップの育成に努めている大学を選ぶのも一手だ。もちろん、その選択肢のリストには、世界各国の大学も含まれることになるだろう。

というのも、本拠地をつくろうと思っても、一朝一夕にできるものではない。大学と地域的取り組みが相乗的に好循環をつくりだしている必要がある。シリコンバレーは、まさに、その先駆的モデルだ。スタンフォード大学の出身者が中心となり、そこに多種多様な人材が集まり絡みあって、いまのスタートアップの聖地をつくっている。

エコシステムと呼ばれるその仕組みに必要なのは、**大学の知財や技術**、**アントレプレナーの起業家や仲間たち**だけではない。それを支えるさまざまな関係者、たとえば、資金を提供する**投資家や金融機関**、オープンイノベーションを推進したい**大手企業の出先機関**、そして**地域の行政機関のさまざまな支援のプログラム**、さらにはベンチャーで成功した**起業家の経験に基づいたメンタリング**、**発信力のあるメディア**などなど。至れり尽くせりの条件と環境が用意されている。

このように、シリコンバレーに追いつけ追い越せと、ベンチャーの本拠地は世界に広がり、インドやアジア、アフリカへとどんどん分散化し、その数は増えている。それぞれが、個性や特徴を持つべく、多様なエコシステムをつくろうとしている。

子どもたちをはぐくむ家庭環境のごとく、スパルタ系のところ、過保護ともいえそうなところ、体力勝負のところ、放任主義のところ、マニュアル管理にすぐれたところ、などなど、さまざまだ。

翻って日本には、いまのところ残念ながら、まだ世界に肩を並べるようなベンチャーの本拠地と言える地域や場所はない。大学発ベンチャーでは、東大、京大、東北大、九大、東工大、そして早大、慶大、そのあたりに限られている。ただし、その裾野は急拡大している。

地域×大学のエコシステムをつくる動きが加速しているのも、嬉しい限りだ。たとえば、九大は、半導体アイランドとしての地元立脚産業との関係強化や、地場企業との産学連携、また東アジアでの地理的特徴を生かしたオープンイノベーションなど、積極的に進めている。

いずれにしろ、世界では、分散的に、発展的に、独自性をもって加速的に、多くのベンチャーの本拠地、つまり、HotSpotのコミュニティができあがりつつある。

これらコミュニティから、未来社会にイノベーションをもたらすベンチャーやスタートアップが生まれ、世の中の産業の新陳代謝を促していくのはまちがいない。

資本主義を理解する

ここでちょっと視点を時間軸に変えてみよう。

我々はどういう時代に生きているか？　ここから、始める。

一つの答えは、資本主義というイデオロギーが支配した世の中に生きている、ということだ。さまざまな価値観の世代の人々がいるが、大きな時代の中、メガトレンドでいうと、だいたい同じ資本主義の世の中に生きている。まず、この資本主義を理解しないと、スタートアップもベンチャーも、アントレプレナーシップ＝企業家精神も語れない。

1800年代には、地球上にたった10億人しかいなかった人類が、いまや80億人にも迫る勢いだ。

これだけの人を抱え、少しでも争いをなくし、みなが共存する宇宙船地球号を目指すには、一体全体どうすればいいのか？

たとえば、ちょっと大作で分厚くて腰が引けるかもしれないが、『サピエンス全史』（ユヴァル・ハラリ著　河出書房新社　2016）はお薦めだ。いまの人類になった背景を知るうえで参考になるだろう。

なぜホモサピエンスがこの地球上で支配的な種になったのか、著者のハラリ氏が見出した仮説は、ある意味、感動ものだ。それは、ホモサピエンスが、同じ価値観とかビジョン（彼は、それを虚構と呼んでいる）を共有する認知能力を持つ動物だからだ、というものだ。

その認知能力を用いて、我々人類は、みんなが共存するために、いろいろなイデオロギー、価値観の共有を試してきたが、ほとんどがあまりうまくいかなかった。**その中で、かろうじて生き残ったのが、民主主義、平和主義、自由主義**、そして、それらと比較的相性のいい**資本主義**だったというわけだ。

かくして、現在、地球全体をおおう経済社会においては、資本主義というものの考え方が支配的だ。これをまず理解したほうがいい。

なぜ資本主義が、共産主義や社会主義に対抗する形で支持されるイデオロギーになって、いまも生き残っているか？

それは、完全ではないものの、多くの人々や社会が幸せになれる可能性が最も高いから、という仮説に基づいている。そしてそれは長い時間をかけて検証されつつあるのだ。

いくら思想的には素晴らしくても、手を抜くやつも一生懸命するやつも、同じ成果物の分配にあずかるという悪平等の共産主義は、納得できないということで、社会に根付かなかった。それよりも、一生懸命やれば報われる、サボれば報われない、という資本主義のほうが多くの人に受け入れられた。

また、その仕組みを実現するための他のイデオロギーとして、民主主義、平和主義、自由主義は合っている。だから、いまのところ、資本主義よりましなものが見当たらないのだ(昨今、それらのイデオロギーが崩れ始めているのは危険な兆候だが)。

こうして、20世紀は、まさに資本主義の全盛期だったわけだけれど、21世紀に入って、その問題点も、いろいろと噴出し始めている。

一生懸命やれば、お金が貯まる。そこまではいい。ところが、さらに続けて、金が貯まると、そのお金がまたお金を生む。そういう時代になってきてしまった。

お金持ちというのは、もともとフローでもお金が入ってくるのに、ストックの資産も苦労せずに稼いじゃう。両方で稼ぐものだから、お金はどんどん貯まってしまう。

まさに、富める者はさらに富む、トランプゲームの「大貧民」もしくは「大富豪」の世界だ。２０１３～２０１４年の世界的大ベストセラー、トマ・ピケティの『21世紀の資本』（みすず書房 ２０１４）は、実はみんなわかっていたその現実を、さまざまなデータからこれでもかと実証して見せたものだ。

というわけで、ひょっとしたら、**いまの資本主義もあと30年も持たないかもしれない。**これを読んでいるきみは、ひょっとしたら、生き証人になるかもしれない。資本主義が壊れていく様を見る生き証人に。

新世紀に入ってからのイデオロギーのような運動を起こしている、「共感資本主義」（お金ではなく共感で社会をつくる、共感がお金になるという考え方）も、その行く末が気になるところだ。

そのうちに、現在の資本主義の問題を解決して、シン・資本主義のようなものが出てくるかもしれない。

ただ、いずれにしろ、本書のテーマであるアントレプレナーシップ＝企業家精神も、ベンチャーも、スタートアップも、**この資本主義というイデオロギーのベースがないと成り立たない。**

なぜなら、アントレプレナーシップは、大きなビジョンと未来社会に役に立つミッション、つまりは人類が共有できる価値と将来の幸せ、それを実現するために全人生と全人格を賭けて（自己を犠牲にして）、他の誰よりも限りない成長意欲を持って、世の中にイノベーションを起こそうという精神だからだ。これは、**資本主義だからこそ報われる**精神となる。

そして現代の資本主義は、アントレプレナーシップを強烈に放つ起業家に、世の経営資源をもたらす。壮大な人類のビジョンを掲げ、イノベーションに挑戦するための経営資源の調達は実はそう難しくない。アントレプレナーシップでいくらでも調達できる。

新しい産業を興そうとするとんでもないビジョンや構想をするアントレプレナーに対して必要な経営資源を提供する、それが資本主義の再生の、ほとんど唯一の道だからだ。つまり、アントレプレナーの突破力こそが、資本主義の再生の原動力でもあるんだ。

何が経営資源を引き寄せるか？

では、スタートアップのベンチャーにおける経営資源って何だろう？

といったら、実は、何もない。まだ、社会への問いかけすら始まっていないわけだから。

大学発ならば知財がある、技術がある、と言う人もいる。

それは正しいこともあるのだが、そもそもスタートアップの時点では何も確かな経営資源はない。**経営資源を揃えることでベンチャーがつくれると思ったら、大きな間違いだ。**

最初に揃えなければならないものがある。

アントレプレナーとそのアントレプレナーシップ。未来の機会をつかまえるビジョンと大志。無限の成長意欲。これらがなければ何も始まらない。

スタートアップのビジネスプランのコンテストであるピッチコンテストで評価、審査する側は何を見ているのか。

挑戦するビジネスプランをプレゼンしてキャピタリスト(投資家)を募るピッチでは、評価する側はすべてのビジネスプランの端から端まで読み込むことは難しい。

もちろん背景となるアカデミアの知財や人材、技術やビジネスモデル、それらの新規性と将来性も重要だが、それ以上に必須として重視するのが、アントレプレナーの卵たちの、

世の中を変えるというビジョンと、

成長への限りない意欲と

志だ。

つまりとにもかくにも、猛烈なアントレプレナーシップを評価する。**当人とその仲間たちの本気度**を見ている。

それさえあれば、世の中から他の必要な経営資源はいくらでも調達できる。能力(Capability)を引き寄せられるからだ。

それさえあれば、世の中から経営資源が集まってくる。夢のあるところに、人も金も集まってくるからだ。

これがホモサピエンスの歴史の必然であり、現代の資本主義の仕組みがそれを加速させているのだ。共感主義は、その夢の共感そのものだから、実は、シン・資本主義は共感資本主義のようなものに進化しているのかもしれない。

ユニコーン企業というのを聞いたことがあるだろう。ユニコーンというのは、一角獣という想像上の動物。その名のとおり、角が1本生えているペガサス(翼を持ち空を飛ぶことのできる神馬)だ。

この1本は何を指しているかというと、10億米ドル。日本円にして、1400億円だ。つまり上場する前から、1000億円以上の企業価値(企業のバリュー、時価総額)を持つベンチャー企業のことを言う。いま世界に1400社くらいあると言われている。日本にはほとんど存在しないのだが。

たとえばアメリカで言うと、古くは、Uberとか、Airbnbとか、Dropboxなどがそうだった。いまは上場してしまったけれど、すべて、ユニコーンだった。

この10億米ドルというのは、上場する前だから、市場で一般に取引されている株価評価額でもないし、もちろん、売上でもない。10億米ドルのキャッシュを持っているわけでもない。それなのになぜ、10億米ドルという企業価値になっているかというと、その企業の可能性に対してリスクマネーを供給する(お金を投資する)投資家、キャピタリストが、企業価値を評価したうえで、それを投資を通して金額で表しているからだ。上場する前のベンチャーの企業価値とは、そのようにして決まる。

ここでもう一度、経営資源について話を戻そう。

経営資源は古くから、人・モノ・カネ・情報、と言われてきた。サラリーマンでも、たいていの大人なら知っている。

けれども、このうち重要なのは、結局のところ、**お金と人だ。**

ここで「人」というのは、後から雇う従業員のことではない。最初に集まる仲間、同志のことだ。

十分なお金があれば、知財も技術も設備も買える。

お金があれば、優秀な人材、さまざまな能力を調達できる。

それら経営資源が調達できれば、実現可能な優れた経営戦略が立てられる。商品・サービスを創造できる。

繰り返して言おう。

この経営資源は、

❶ビジョン

❷成長意欲

❸志

があれば、勝手に集まってくる。

だから、**最優先最重要なものは、猛烈なアントレプレナーシップ＝企業家精神だ。**

では、ビジョンとは何か？

ビジョンはいかにして形づくられるのか？

ひと言で言えば、**未来における事業機会だ。**まだ見ぬ、見えぬ、未来の機会だ。不確実性に満ちた未来に挑戦する機会だ。まさに**イノベーションの機会だ。**

そして、**それは、どういう社会を目指すかという志から、生まれる。**

その志に対して描いた具体的な道筋がビジョンだとも言える。

その実現に向けて、高く広い視野と強い意欲で粘り強く躍動を続けることができるのがアントレプレナー。起業家であり、企業家だ。未来の事業機会を鷲づかみして「業を企てる」輩《やから》だ。

アントレプレナーは英語ではEntrepreneur。スペルに違和感があるように語源はフランス語だ。1755年に世界ではじめて紹介された言葉だ。

単語の発明者のリチャード・キャンテロンはSomeone who exercises business judgment in the face of uncertaintyな人とした。

不確かな状況の中に事業機会を見つけていく、まさに、未来に向けてビジョンを持ってイノベーションを起こす人間だ。

イノベーション理論の構築者として知られる19世紀末生まれの大経済学者、ジョゼフ・シュンペーターの1912年の著書にも、イノベーションを目指し「新結合を実行するときに限りその人はアントレプレナーになる」と紹介されている。

そして、本書を読んでいるきみには、志高く、ぜひ、このアントレプレナーを目指してほしい。

いきなり大きな話になってしまって、腰が引けてしまっている人もいるかもしれないが、最初は、案外、個人的な身近なところから、「問い」が生まれ、そこから事業機会を見つけたりしているものである。安心してほしい。

では、実際には、どのように機会を見つけていくのか、みんなを惹きつけるビジョンを描いていくのか、過去のアントレプレナーたちは、どうやってきたのか、次の講からお話ししていくことにしよう。

KEY POINT

挑戦と失敗

早く失敗しよう。
挑戦なきところに失敗は生まれない。
人生の目標は、成功ではない。挑戦だ。

イノベーション

すべての新産業は、
1つのベンチャー、スタートアップから生まれてきた。

選択

同時に選択できるなら、両方選べ。
EasyなものとToughなものがあったら、
Toughなものを選べ。

経営資源

経営資源とは、お金と人である。
そしてそれは、志とビジョンと成長意欲、すなわち、
アントレプレナーシップがあれば勝手に集まってくる。

アントレプレナーシップ

理想の未来の人類世界の構築という志と
未来の機会をとらえる壮大なビジョンと、
そこに向けての無限の成長意欲。

第2講

ベンチャーのライフサイクル

最初はみんなベンチャーだった！

まずは、前の講のレビューから。スタートアップ、あるいはベンチャーって何だ？　そもそも、現在、日本には370万社ぐらいあると言われる中小零細企業と、どう違うのか？　という話だ。

ベンチャーは、成長の意欲を持って、地球上の人類の課題、あるいは、未来の社会課題に正面切って向き合い、他の人たちがやっていない方法での解決の道を、すさまじい熱量を持って進む、立ち上がった（スタートアップした）ばかりの小さな企業だ。

身近な社会課題は、日本国内のどこかの町で毎日起きている。これに対応する真面目な企業、小さな企業はたくさんある。けれども、これらはベンチャー企業とは呼ばずに区別している。

ベンチャーは、小さいけれども、日本全体、社会全体、あるいは地球全体にわたってこれから現れてくるであろう社会課題に向き合っている。身近な社会課題が、未来に大きなインパクトをもたらすことを見抜いて、その未来の課題を解決するために、より大きく広い視点で、そのユニークな解決策を目指す。

だから、たとえ現時点では小さいとしても、この先もずっと小さいままで、同じことを繰り返していくことでよしとしている中小零細企業とは、明確に異なる。

わたしが自分自身でベンチャーを立ち上げたのは、もういまから30年以上前のことだ。その頃はまだベンチャーという単語さえ知らない人も多く、取り組んでいる人もほとんどいなかった。高度成長期から成熟期に入った日本では、しばらく、ベンチャーという単語やその活動は世の中や人々の記憶の隅に追いやられていたようだ。

でも、考えてみてほしい。GAFAの例を挙げるまでもなく、トヨタ自動車やホンダに代表される日本の自動車産業も、全部、戦後復興期のベンチャーだ。ソニーだってそうだ。現在の日本の大手企業、あるいは世界の著名な一流企業も、みんな、最初はベンチャーだった。すべてはベンチャーからスタートしている。

直近では、きみがこれきっとベンチャーだろうと思っているであろう、楽天、ソフトバンク、DeNA、サイバーエージェント、メルカリ、みんな、そうだ。ユニクロのファーストリテイリングは、もともとお父さんの洋装店の二代目なので、ベンチャーと呼ばれなかったりするようだが、だとしたら、ベンチャーのもう一つの形である、第二創業の恰好の成功例だ。これらすべてのベンチャーは起業家である創業者が現在も現役で経営している。

また、コンビニエンスストアというのは、もともとは、イトーヨーカ堂がアメリカのセブン-イレブンを輸入したものから始まったが、日本においてまったく別の形にイノベーションすることで成功した。これも、変態（ヘンタイではない。業態を変化させたという意味だ！）による創業ベンチャーと言えるかもしれない。

要は、わたしたちがいま、日常、お世話になっているあらゆる企業、大きな規模で成功している企業も、**最初はすべてベンチャーだった**ということだ。

実は、日本には、戦後、ベンチャー・ブームと言われた時期が三回ある（四回説もあるようだが）。

一回目は、二つの戦後（第一次世界大戦と第二次世界大戦）の復興期のベンチャーブームだ。ゼロ回目は明治維新だが、それは戦前なので数えない。現在、経済界に君臨している、いわゆる大企業は、戦後復興で成功した企業群だ。

そして二回目は、１９８０年代からのバブルの頃。三回目がＩＴバブルともてはやされた１９９０年代後半から新世紀。楽天やソフトバンクやサイバーエージェントが生まれた頃だ。一回目と二回目の間に、高度成長期の１９７０年代を入れる人もいて、それも入れるのが四回説だ。

そして、いまがまさに四回目のベンチャーブームなわけだが、残念なことに、21世紀に入ってから、世界に影響を与えるようなベンチャーが日本からは生まれていない。世界はまさに、ＧＡＦＡＭ（ＧＡＦＡにMicrosoftを加えてそう呼ばれる）の巨大プラットフォーマー・ベンチャーたちが席巻する時代となった。

実際、１９９０年以降、アメリカではどんどん誕生するベンチャーが国家のＧＤＰ

を支える存在になり、時価総額トップ10の7割、8割をベンチャーが占めるようになったのに対し、日本のトップ10の8割はもともと戦後復興期や初期のブームにベンチャーだったところばかりだ。つまり、最近産声を上げたベンチャーたちではない。それが、日本とアメリカのGDPの成長率の大きな差として表れている。

GAFAMの中でも日本で人気のAppleは、2023年6月に時価総額が3兆米ドルを超えた。たった1社で400兆円を超える。日本のトップ企業のトヨタの時価総額がたかだか40兆円強にすぎないことを思うと、想像を絶するおそろしさだ。

ところで、いま、アメリカのトップ企業として、GAFAMをあげたが、中国のそれをご存じだろうか？

中国のベンチャーの代表格はBATだ。BはBaidu。AはAlibaba、TはTencentだ。3社は中国のテックジャイアントと呼ばれていて、アメリカのGAFAMに追いつけ追い越せと、日本の戦後復興期に勃興したベンチャーの如く、アニマルスピリットを丸出しにして急成長している。ちなみに、「アニマルスピリット」というのは、かの大経済学者ケインズが使った言葉で、「企業家の野心的な意欲」を指す。

違った意味でおそろしさを感じたのは、欧州連合（EU）や中国共産党も同様らしい。国境を越えて莫大な利益を稼ぐGAFAMに、欧州委員会は真っ先にデジタル課税をかけ、Alibabaの創業者でアントレプレナーとして尊敬を集めたジャック・マーの突然の退任は、中国共産党ににらまれたからだろう。

災害救助にも、農業にも、そして映画やドラマの空撮にも欠かせなくなってきているドローン。世界で最初にドローンを開発したのは、アメリカのベンチャーだが、いまやその最大のメーカーDJIは、先に記したように中国の深圳にある。

ドローンとは、要するに、無人の自律型マルチヘリコプターだ。そもそもはクイーンビーと名付けてこの世に出したのがイギリスである。女王蜂という意味だ。女王蜂の飛び方を研究していた匿名の技術者たちが、軍事用の無人機の試作品としてクイーンビーをつくった。ロイヤル空軍とロイヤル海軍はこのクイーンビーを標的ドローンとして演習用に撃ち落としたものだ。

これからインスピレーションを得た新世代の世界中のアントレプレナーたちが、これはマーケットになりそうだと、興奮した。だって、自律型で空中を飛んでいくわけだから、地上にあるあらゆる道路や信号などの交通インフラづくりを空に変えれば、多大なコストと時間が不要になる。

また、事象を三次元でとらえることができるようになれば、従来の二次元でのやり方を根本的に変えてくれるはずだ。さらには、その先、空飛ぶ自動車のワクワクする未来が見えてくる。

一方、ちょっと困った人たちは、一匹で行動する女王蜂に対して、編隊を組んで蜜をとりにいく雄バチの群れをイメージした。これは軍に使えると直感的に感じ取った。そして雄バチ、ドローンをつくり始めたのだ。これはわたしの勝手な想像だが。

かつて、松下電器、ソニー、シャープ、三洋電機と、世界に誇る家電メーカーを有し、ものづくりではメイドインジャパンが世界一だと言われていた日本企業の名が、主たるドローンメーカーの中にないのはさびしい限りだが、家電に限らず、日本は世界に遅れている。未来に遅れている。ベンチャーの数が圧倒的に足りない。失われた数十年をきみたちが取り戻すときが来ている。

どうだろう。こんなふうに、進行形の先にある面白そうな未来が見通せるような、まだ誰もチャレンジしていない事業を見つけ出し、それを世界のために大きくしてやろうと考えるのがアントレプレナーだ。ベンチャーだ。

ベンチャーが最初に走り出す。それがつくりだす未来の世界は、未来のわたしたち、人類と地球のためにある。

ベンチャーの成長曲線はS字カーブ

さて、この第2講のテーマは、ベンチャーのライフサイクルだ。成長意欲と志を持って、社会課題の解決に取り組もうとするベンチャーは、どういう歩みを辿るのか？

なお、このとき、自分自身の人生に当てはめながら、考えていくことをお薦めする。今後さまざまな事業の戦略を学ぶときもそうだが、ベンチャーのライフサイクルを考えるとき、自分の人生の戦略に当てはめながら、擬人的に考えると、理解しやすい。

左の図は、横軸に時間軸、縦軸に成長（ベンチャーでは企業価値）をとっている。

ここでいう企業価値は、キャピタリストなど投資家が評価したその企業の未来を含めた価値、市場にあてはめて推定した場合の企業の価値ということだ。

時間とともに成長し、成功していくベンチャーは、実線のようなカーブを描いて伸びていく。

ひたすら右肩上がりで上昇するということは、ほとんどありえない。必ず、急速に伸びる時期と、成長が止まる時期がある。こういう伸び方を、S字カーブという。

またそのS字カーブは実は重なり合いながら、さらに大きなS字カーブを描くのが実態に近いイメージだ。

止まっているときは、心配かもしれないが、大丈夫、S字カーブというのは、重なっていく。いまはここまででも、また次のSが来る。そしてまた、Sが来るといった具合だ。それを遠くから見れば、右肩上がりに見える。

図表1

ベンチャーの成長曲線は、S字カーブ

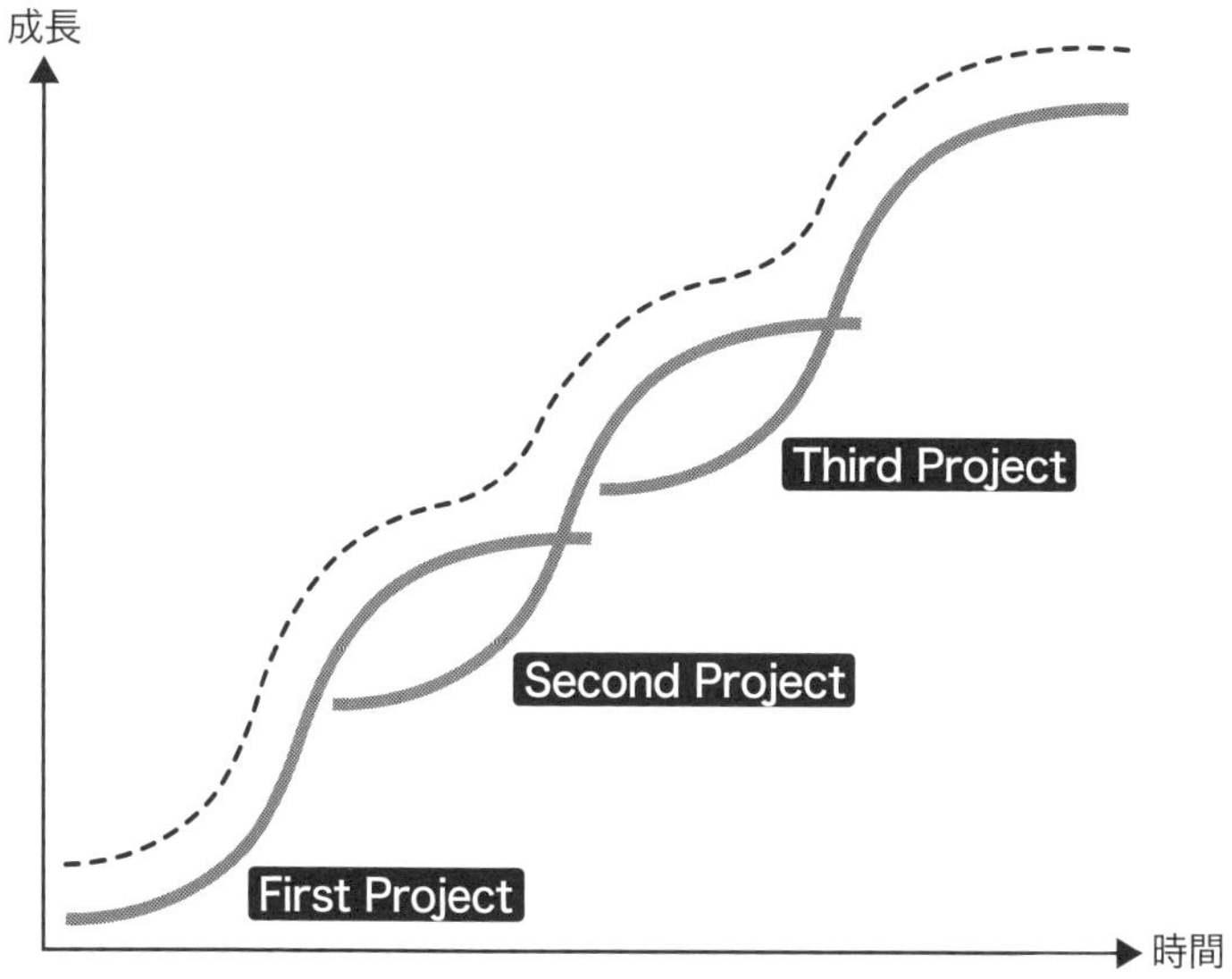

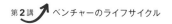

わたしたちの人生もこんな感じで進んでいく。若いきみたちには、ピンとこないかもしれないが、それでも子どもの頃からいままでを振り返ってみれば、すごくうまくいっていたときもあれば、なんか停滞してしまっていたときもある、それからまた立ち上がって懸命に頑張って挽回して、と、そんなふうに人生を歩んできたんじゃないだろうか。

ただ、ベンチャーが人生と異なるのは、**ベンチャーはいとも簡単に途中で止まってしまうことがある**ということだ。この左の図にある点線で描いたようなだれた曲線のように。途中で止まる。つまり、消えてなくなってしまう。

ベンチャーの事業は、歩みを止めると、その時点ですぐに崩落する。つまり倒産してしまう危機を常にはらんでいる、ということだ。いわゆる失敗だ。ベンチャーは常に失敗と隣り合わせなんだ。

でも、何度も何度も言うように、そこで再び勇気を出して立ち上がっていけば、また成長を始めることができる。

図表2

ベンチャーのライフサイクル

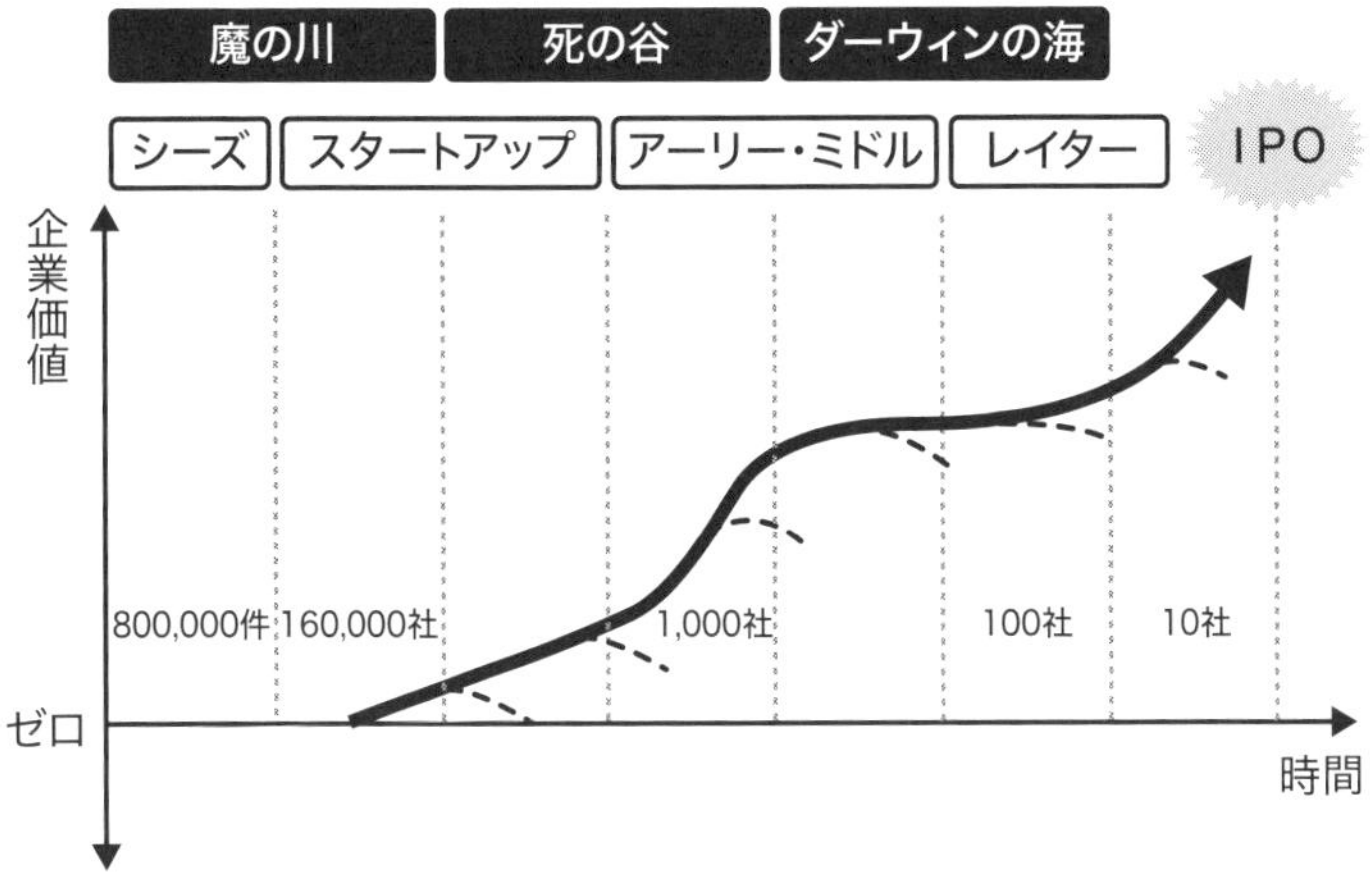

シーズステージからスタートアップ前夜まで

ベンチャーのライフサイクルを、もう少し詳しく見ていこう。資金調達の話も出てくるので、まだ、自分には早いと思う人もいるかもしれないけれど、いずれ、起業したいと思っているなら、たとえ中学生であっても、知っておいて損はない。

一般にベンチャーのライフサイクルは、前のページの図のように、四つのステージに分けられる。

❶シーズ

❷スタートアップ

❸アーリー・ミドル

❹レイター

最初が、**「シーズ」ステージ。SEEDS、種**だ。種をまくステージだ。

これは、NEEDS、ニーズという言葉に呼応している。ニーズ、つまり需要、市場が求めるものだ。つまり、**シーズというのは、将来ニーズに対応できる可能性を持っている種**を指す。

昔から言われるところの、技術やノウハウを指すことが多いが、必ずしも特許で守られた技術やノウハウでなければいけないわけではない。**シーズの段階で、起業家が必要としているものは、Intellectual Property、「IP」。日本語では、知的財産権だ。**

未来のニーズに応える画期的な技術も知財だが、**画期的な事業につながる構想やビジネスモデルも知財だ。**誰もが思いつくものではない、突き抜けた構想や独自性のあるビジネスモデル、シーズの段階では、このような知財の準備が必須だ。

現在、この地球上で生きているお客さんはまだ対象ではないけれども、これから5年、10年先に生まれてくるお客さんのニーズ、**つまり、未来のニーズに対応するモノコトの特定がシーズステージの取り組みだ。**

未来のニーズに対するシーズをひねり出したとしても、まだ、何も始まっていない。スタートアップもしていない。始まるのは、いよいよこれからだ。

知財をつかんだら、次に起業家がすべきは、人を集めて、チームをつくることだ。

このあたり、音楽バンドを結成するときと同じだ。中心にある人物が周りに、お前ちょっとキーボードをやってくれない？　とか、お前はベースやってくれる？　といった感じで、仲間を集める。そして、それぞれが得意なパートを果たせる仲間の集合体、チームをつくる。

自分は、夢がある、志を持っている、知財をつかんだ、技術を持っている、あるいは未来の世界やお客さんが見えている。だから、ちょっとみんな、集まってくれないか、という感じで準備を始めるのが、**シーズからいよいよスタートアップへと移行する段階だ。**

つまり、**スタートアップ前夜であるシーズステージには、知財や構想があり、最初の仲間がいて、そして、ざっくりした計画と仮説の目論見がある**ということだ。

この後、新しい成長意欲のあるベンチャーをつくるぞ！　となって、創業仲間とともに、**法律用語でいえば、会社を登記する**ことになる。業を起こす、起業だ。ようやくゼロフェーズ。会社をつくる段階、スタートアップに入る。

その期間は、ベンチャーにもよるが、だいたい**会社を登記してから、1年から3年。それが「スタートアップ」ステージと呼ばれる時期だ。**この期間をエンジェルステージと呼ぶこともある。

スタートアップとエンジェルステージの違いは、起業家の側から見るか、投資家の側から見るかの違いだ。なぜエンジェルステージと呼ぶかというと、わたしのような、まだ右も左もわからない状態の会社にお金を投資する投資家たちのことをエンジェルと表現するからだ。

というわけで、目論見と計画があって、仲間が集まってきたら、いよいよきちっとした会社にしようと、会社の登記をすることになる。

仲間が集まって、本格的にビジョンやビジネスコンセプトを言語化するため、とにかく一生懸命議論をすることになるわけだが、ここで結構大事になるのが商号と呼ばれる会社の名前を決めることだったりする。

昔は、類似商号調査と言って、同じ地域の中で音を聞いたときに同じように聞こえる会社の名前はないかと調べなければならなかったり、いろいろと面倒だったけれど、ボーダーレスのいまはそれも不要で、簡単になった。そうは言っても、会社の名前はとっても大事。そう、音楽バンドのときも名前がかなり大事なのと同じだ。

起業自体はちっとも難しいことではない。この10年でずいぶんハードルは下がっている。難しいのは「創業」だ。起業と創業の違い？　これについては、また後ほどお話ししよう。

エンジェル投資家に投資を依頼する

ともあれ、仲間を集め、ビジネスプランを練り上げて、さあやるぞ！ と、この時点で、最初に悩みのタネとなるのがお金だ。**お金をどうする？**

お金の調達の仕方にはいろいろあるが、アントレプレナーと仲間の自己資金、そしてその家族などの協力で用意する資金からスタートするのが、一般的だ。

最近は、エンジェルと呼ばれる、この時点でお金を投資してくれるキャピタリストも増えてきた。そのエンジェルを訪ねて、最初のお金を出してください、と依頼することも多い。

スタートアップステージで応募参加できるビジネスピッチコンテストも増えてきた。そこに集まるエンジェル投資家たちが向こうから興味を持って声をかけてくれることもある。うまく相性が合って、エンジェルが、よし、こいつら助けてやろうという決断をすると、自分たちのお金に投資家のお金も加わって、そこそこの創業資金ができあがる。

お金が入ってきた段階で、そのお金でできることはたくさんあるが、いきなり立派なオフィスなんかに使ってはいけない。**大事なことは、人を集めること、そしてプロトタイプをつくることだ。**最近のＤＸ系で言えば、プログラム開発をして対象のお客さんに使ってもらいやすい道具の**試作版を開発する**コストに充てる。

わたしは常に、10社を超えるベンチャーに同時並行で投資をしているが、そのうち2割は、スタートアップ、エンジェルステージの会社だ。

エンジェル投資家からの投資を受ける、というのがどういうことか、参考までに、そのうちのいくつかのケースをご紹介しよう。

一つは古いケースになるが、ＩｏＴのThingsをWorkersに読み替えて、現場で働く労働者を見守り、労働衛生環境を向上進化させることを目指すベンチャーだ。アントレプレナーはグローバル企業の技術者だ。それなりに創業資金はあったが、さらなる開発のための多めの資金がほしい。加えて、戦略やマーケティングについてアドバイスが必要、という互いのニーズが合って、最初の外部株主として投資をした。

専門的な話は省くが、要はエンジェルステージで、プロトタイプ開発資金と伴走するビジネス知見を提供することとなった。

このベンチャーはいまも、プロダクトの完成に苦労はしているが、黒字を継続して超真面目に頑張っている。

なぜ投資を決めたか、その決め手は、起業家の真摯な姿勢と技術力、そして未来の職場の必須アイテムとなる成長可能性への確信だ。

最近だと、英語の教育手法のアグリゲーション（Web上にある複数の情報を、一つのサイトに集約するサイト）のプラットフォーマーを目指すベンチャー、工事現場のDX化のプラットフォーム・ツールを開発するベンチャー、がん治療の物理学と化学を組み合わせた画期的治療法のベンチャーなどがある。

一つ目の英語教育ベンチャーの、エンジェルステージでの起業家側の投資家側への期待値は、ビジネス展開上の多様な課題についてディスカッションするパートナーであることや、顧客企業の紹介などであり、エンジェル投資家側の起業家側への期待値は、起業家の強い想いやプログラム開発能力、英語教育のAmazonのようなビジネスモデルとしての成長可能性、というものだ。

二つ目の現場ＤＸ化ベンチャーについては、マイナー投資（少額の投資金額での参加）だったが、起業家側の期待は、営業先の開拓や協業先の紹介であり、エンジェルのわたしは、単に創業チームメンバーの二人を気に入ったから、というのが本音だった。二人は京都大学のアメフト部の出身で大手企業にしばらく所属していた。体力も知力も揃っていることは、スタートアップではとても大事だ。

三つ目のがん治療ベンチャーは、スタートアップで参加したが、残念ながらアーリーになる前にわたしは撤退した。戦略策定と付随的に資金調達の役割も負ったが、億単位の資金調達の支援に成功したものの、期待値に足りなかったようだ。創業者たちとのズレが起きるとスタートアップステージでも早々に袂を分かつことも、ままある。

スタートアップを待ち受ける三つの危機

いま、例に挙げたベンチャーたちが、今後どうなるか、どんどん伸びていけるかどうかは、正直わからない。ベンチャーには、常に崩落の危機がある。

そもそもわたしの経験では、シーズのステージにあるビジネスネタが80万だとすると、そのうち、実際に法人として登記に至る、つまり、**スタートアップするのは、16万社。およそ5分の1だ。**他は単なる思い出で終わる。

シーズのステージでこれはすごい！　画期的なアイデアだ！　技術だ！　と思っても、いざ、形にしようと思うと、なかなか形にならない。形にするためにさまざまな困難や解けぬ課題にぶち当たるものだ。

無事スタートアップしても、多くは、ビジョン倒れ、構想倒れ、コンセプト倒れ。つまり、着眼点がずれていた結果、お客さんがつかまえられず、売上が立たない。そして即、資金ショート。ここで、誰か支援してください、もっとお金を、と言っても、もう、エンジェルも相手にしない。友だちも相手にしない、家族も相手にしない。

構想が具体化できなければ終わり、売上を立てられなければ終わり、お客さんをとらえられなければ終わり、継続的に資金を調達できなければ終わり、ということだ。

ほかに、**スタートアップにありがちな危機といえば、仲間割れだ。**創業の時点で集まったチームが、1年ぐらいで喧嘩になってしまって、「もう俺、抜けるわ」「わたし、他のベンチャーに行きます」といったことになる。そもそも創業仲間と言えないようなメンツを集めてしまったのがいけなかった、と言っても遅い。考え抜いて集めたはずの創業仲間でも、想いが強い人たちの集まりなだけに、かえって舵取りで対立することで仲間が離れていくことも多い。

とはいえ、スタートアップの時点では、数はそれほど多くはない。仲間割れが増えてくるのは、この後のアーリー・ミドルステージだ。

もう一つ、**スタートアップの時点で遭遇しがちな危機は競合の出現、競争の激化だ。**先に例に挙げた労働者見守り、英語教育、現場DX化のビジネスでも、それらを手掛け、すでにうまくオペレーションを展開している大手企業、すでにレイターステージまで成長している成長ベンチャーなど、いくらでも競合が存在するものだ。

唯一無二の構想や、まったく真似のできないプロダクトやビジネスモデルで戦える、なんてことは理想論で、現実的ではない。多かれ少なかれ、まったく一緒でなくても、よく似ている、そっくりさんの競合が、もともと存在するか、あるいはすぐに追っかけて仕掛けてくることは、ベンチャーでは想定済みにして取り組むことになる。

素人じみたことを言っているように感じるかもしれない。しかし考えてもみてほしい。**競争が激化している、競合が次々に参入してくるということは、それだけ未来の成長可能性が高い、と考えている連中が多いという証拠でもある。**

未来に顕在化するマーケットが仮に100だとすると、現時点でうごめいている競合でつかまえているマーケットはまだほんの5とか10ぐらいかもしれない。仮に競合が現れても、まだまだ90の伸びしろがある、ということだ。

逆に、市場によっては、スタートアップの時点でたくさんの競合がいてくれたほうが、世の中の注目を得ることができ、口コミ効果も絶大で、マーケットがうまく早く拡大していく場合もある。こちらも、競合が本格的な問題となってくるのは、次に続く、アーリー・ミドルステージ、レイターステージだ。

以上のように、スタートアップのリスクまみれは、経験してみないと、その厳しさも、大変さもわからない。

構想倒れ、プロダクトやモデルが機能しない、顧客がとらえられない、お金が続かない、仲間割れする、競合につぶされる。

いずれにしても、**このスタートアップの段階で、16万社が1000社ぐらいまで淘汰されていく**、というのがわたしの感覚だ。

99%のスタートアップは、次のアーリー・ミドルに入っていく途中で消えてなくなる、ということだ。悲しいかな、これが現実だ。だからこそ、ダイナミックなんだ。

アーリー・ミドルステージへの資金調達

と、ここでスタートアップの時期を越えるわけだが、これを人生に当てはめると、いったい何歳ぐらいのことなんだろう？

まず、シーズの時期。これは、文字どおり種が生じるわけだから、精子と卵子が出会って、受精卵ができた、その段階にすぎない。そして、スタートアップの最初の時期は、小学生ぐらいかな。藤井聡太くんも大谷翔平くんも、小学校時代からご両親というエンジェルによって、英才教育を受けていた。

でも、そういう子どもはごまんといる。中学受験に向けて、ご両親が投資するのも同じだ。一生懸命頑張って育てても、たとえば灘や開成に入れるのは一握り。だから、実力と運もあって見事に入れた段階で、ひょっとしたら、この子、いけるかもしれない、となる。アーリー・ミドルステージだ。

話をスタートアップの仕上げの段階に戻すと、**アーリー・ミドルステージというのは、そこそこ売上が安定的に立ち、つまり、お客さんをつかまえ、マーケットをつかまえ、自分たちが持っていたビジョン、事業構想、コンセプトが実体化し始めた状態**だ。そして、これがスタートアップを抜け出す最後のフェーズとなる。

このあたりでは面白そうなベンチャーだと注目され、創業仲間以外のさまざまな即戦力の社員たちが一人、二人と参加をし始める。集まる場所も、どこでもよかったHotSpotから、格好いい共同オフィスの一角に居を構えたりする。お客さんも取引相手も増えてくるところで、財務や経理の管理業務や、会社のルールなども整備し始めなきゃ、となる。嬉しい悲鳴だ。

こうして、アーリー・ミドルステージになると、さらにお客をがっちり増やし、売上を伸ばし、**業容を拡大するために資金調達する**ことになる。専門的にはシリーズAとかBとかというドラマのシーズンの展開のような言い方をする。

見事、スタートアップからアーリー・ミドルステージへと向かうときに、本格的に大きな資金調達に入るわけで、これを**シリーズA**と呼んでいる。ベンチャーによってその差は大きいが、たとえばＢ ｔｏ Ｃ（Business to Consumer）の消費者向けビジネスモデルで、当初３０００万円程度の企業価値だったものが、キャピタリストがその将来価値を認めて新株を引き受ければ、客観的に企業価値が一気に3億円の評価になったりするんだ。もちろんその将来価値を実現することを想定した上でのことだ。

この段階でも資金調達の主たる方法は、多くの場合、**銀行からの融資ではなく、株式を投資家に買ってもらう（引き受けてもらう）方法をとることになる。前者をデット（Debt）ファイナンス、後者をエクイティ（Equity）ファイナンスという。**

デットには返済義務があるが、エクイティにはそれがない。

したがって、エクイティは、会社にとっては成長のために自由に思い切って使える資金になるが、投資家にとっては返ってこないかもしれないリスクマネーとなる。つまり失敗の場合は紙切れ、ゼロとなる。もちろん、もし、そのベンチャーが大きく成功すれば、投資したお金は、何十倍、何百倍にもなって返ってくる。デットの場合だと利子だけだ。

たとえば、Google（Alphabet）の場合、アーリー・ミドルで投資をしても4000倍くらいにはなっている。その頃に資金を出した人は、100万円だったら、40億円になって返ってくる、そんな感じだ。

そして、この**アーリー・ミドルステージから、その次のステージのレイターステージまでをカバーしているのが、いわゆる大手のベンチャーキャピタリストたちだ。**

具体的には、ベンチャー側が実施するシリーズなんちゃらの「第三者割当増資」を引き受けてリスクマネーを供給するわけだが、まあ、専門的なことはまだいいだろう。とにかく、**この段階では、まだデットは借りない。銀行からの融資は受けない。**ただ、銀行も指をくわえてただ見ているわけではない。銀行グループはすべて、子会社にベンチャーキャピタルを持っている。金融界の大御所は総じて大手のベンチャーキャピタルとして参入している。

さらに近年は、幸い、事業法人系や独立系の大手のベンチャーキャピタルがたくさんできた。マッキンゼーの後輩の多くも、わたしのように同じ想いを持ってベンチャーそのものや、独立系の運用金額の巨大なベンチャーキャピタルに取り組んでいる。

こうした状況は、ベンチャーにとってはいいことだ。なぜなら、多くのベンチャーキャピタリストと出会うチャンスがあるから。つまり、あるベンチャーを見て、俺はここ投資しないよ、と言うやつもいれば、ここちょっと面白いね、と言うやつも、ここは絶対成功すると言うやつもいるってこと。人数が多ければ多いほど、リスクマネーの供給者が多ければ多いほど、認めてくれる人に出会うチャンスは増える。

だから、起業するならシリコンバレーがいい、と多くの人が言うのを認めざるをえない。とにかく、エンジェルからキャピタリストまで、多様な価値観を持った多くのベンチャーキャピタリストがいるから。

とはいえ、最近の日本も捨てたもんじゃない。まだ数は足りないものの多種多様な、エンジェル、キャピタリストが生まれている。海外のキャピタリストたちも日本のベンチャーへ触手を伸ばし始めている。その中で、相性のいい人がきっと見つかる。

レイターステージでの資金調達

ともかく、アーリー・ミドルで資金調達をしました！　さあ！　いけいけ！　と、いきたいところだが、そうはうまくいかない。たいてい、このあたりで、先ほどの図にある大きなS字カーブの停滞状態が来てしまう。何をやっても仮説どおりにはうまくいかない時期というのがある。

早くも、ちょっと内向きの仕事に振り回されてしまうことにもなりかねない。もう一度、ビジョンと志、野心に燃料を注いで、アニマルスピリットを持って大胆に挑戦する時期だ。むろん、細心の注意とハードワークは欠かせない。

それでもまた、脱落する会社が出てくる。わたしの感覚でも、このアーリー・ミドルを抜けられるベンチャーはさらに10分の1だ。**次の成長のステージに向けて、さらに10社に1社のみが駒を進めることができる。**

残りの9社は、消えてなくなるものもあれば、そのまま鳴かず飛ばずで中小零細企業としてベンチャーのコミュニティから外れていくものもある。とりあえず食える状況になっているベンチャーが多いので、気を緩めれば、ただの会社と化すということだ。ダメと言っているのではない。**ベンチャーではなくなる、と言っている。無限の成長をあきらめた時点で、会社は普通の会社になる。**

次の成長へのステップアップができるイメージと感触がつかめてきたら、いよいよ

「レイター」ステージだ。

レイターステージというのが、どういう状況かというと、そこまで売上が停滞状態にあったものが、質的に良くなってきた確信を持ち始める段階だ。

このプロダクト、マーケティング手法、戦術、プログラム、打ち手はどうやらいけそうだ、かなり手ごたえがあると、成長のために投下した資金に対する成果やリターンが、どんどん目に見えて良くなっていく状況だ。

夜明け前に感じる空気感である。ちょっと前までは最も暗かったのが、ほんのり空が明るくなっていく感じ。スタートアップからアーリー・ミドルに入る最初の頃に体感したすごいスピードで伸びていたあの感覚である。

こうなると気になるのが、もうちょっと大きな軍資金があれば、もうちょっと頼りになる人材がいれば、もうちょっとしっかりした設備投資ができれば、もうちょっと技術開発を深化させることができれば、である。そしたら、もっといける！

レイターステージで必要なのは、とにかく人材だ、有能な社員だ。人材がいろいろなことをやってくれる。R&D（研究開発）をやったり、営業やマーケティングをやったり、財務管理をしたり。そうやって、業容を拡張し、事業を拡大していく。

と同時に、**この時点で大事になってくるのが組織づくりだ。**それまでは、家族のようなサークルのようなノリで、全員が当事者意識を持って無我夢中で突っ走ってきたベンチャーも、気がつけば大所帯となり、時として統制不可能な混乱状態に陥っていたりする。

ある程度統制の取れた、社会に対して恥ずかしくない組織にしていかないといけない。しかも世間一般の常識にとらわれない、独特の社風や文化を備えた、自由闊達とした会社でなければベンチャーではない。ビジョンのもとに有能な人材が集い、自由に挑戦ができる、組織らしくない組織だ。

そのうえで、さらに自分たちの**企業のケーパビリティ（能力やスキルや技術）を見直し、もっと上のやれることを増やしていく。**

そのために必要になってくるのが、いよいよ最後の大きな資金調達である。それは、**シリーズCとかD**とか、呼ばれる。もちろんこの頃には、安定した売上も確保しているので、運転資金としてのデットも銀行から借りることになる。古くから言うメインバンクを決めておく時期だ。銀行もこのレイターステージでは、守りだけでない攻めの融資にも熱心に対応してくれる。

この時点で第三者割当増資を引き受けてくれる大手のベンチャーキャピタルは多い。特にメインバンクとの絡みで、銀行系のベンチャーキャピタルはレイターステージで手ぐすねを引いて待ってくれている。

独立系のベンチャーキャピタルでの、特にユニコーンを育てたいとか、大型のＩＰＯを支援したいところ、また本業とのシナジーをすぐに実現したいと考える事業法人系のベンチャーキャピタルは、このタイミングでは目白押しだ。

レイターステージでの事業価値は、アーリー・ミドルに比べてさらに格段に上がって、その頃の5倍から10倍、先ほど例に挙げた消費者向けビジネスモデルであれば、たとえば数十億円の単位になっている。その事業価値の10％分を新株による第三者割当増資で、3億～4億円程調達する、というような資金調達になる。

よくわからない？

そうだね。いまは、こんなふうにどんどんレバレッジがかかって、会社は成長していくんだ、というイメージだけつかんでいただければいいだろう。

いよいよIPO！

さて、ここでまた、人生のライフサイクルに当てはめてみると、このレイターステージというのは、大学生ぐらいかな。どこそこの大学であんな研究や活動をしているから、まあまあ将来はそこそこいけそうだ。そんな感じで前途有望そうなやつがいると判断されると、大手のベンチャーキャピタリストたちが寄ってきて、そこそこ大きなリスクマネーを提供してくれる。そんな感じかな。もちろんだが、人間も同じく、大学を出ればうまくいくとは限らない。現実には、有名大学を出たって凡人に終わる人がほとんどだし、有名でもない大学の出身者が目を見張る成功もする。あくまでも理解しやすくするための一般的なたとえ話だ。

で、その後どうなるか？

いよいよ社会人になるということだが、ベンチャーの世界では、**新規株式公開。略称で言えば、ＩＰＯだ！**

アントレプレナーを目指す以上、当然、ＩＰＯという言葉は知っていると思うが、では、それが、何の略か、知っている？

Initial Public Offering

これは何を言っているかというと、まず、Initialは「最初」という意味で、Publicは「公共」、Offeringは「募集」だから、新株を公開して一般の人に提供することだ。だから、新規株式公開の略称がＩＰＯ。

つまり、キャピタリストという「プロ」たちに目利きしてもらって買ってもらってきたここまでの新株を、一般の人たち、プロじゃないアマチュアの人たちにも、自由に買ってもらえる状態にすることだ。上場する会社は、最初に一般株主に対してPublic＝公的に、Offering＝提供しなければいけない。これが、株式上場ということだ。

一般株主の人は、この会社、もっと伸びそうだな、と思ったら、その会社の株を自由に買える。好きなときに売ることもできる。このマーケットが、いわゆる株式市場だ。

普通の市場でも、商店の人はちゃんとした商品を売らなければならない。不良品や欠陥商品、偽物をきれいな包装でごまかして売りつけるような、顧客をだますようなことをしてはいけない。株式市場における企業も同様で、企業の資料に嘘はない、すべての情報を開示している、という信頼があるから、一般の人は、安心して株式の売買ができる。

つまり、**ＩＰＯをするためには、何ら嘘のない、きちっとした運営をしている会社**

であることが条件で、そのことを証明しないと、ＩＰＯはできない。

ところで、会社がつく嘘で一番わかりやすいのは、何かわかる？

そう、売上や利益をごまかすことだ。「粉飾決算」と言われる。たとえば、売上が実際には50億円しかないのに、１００億円の売上と、嘘の決算書を公開することだ。もちろん、そういうことが見つかった瞬間に、会社は上場廃止になる。絶対にやってはいけないことだ。

だって、一般の人が、この会社は成長しているなと思って、その会社の株を買うんだから、実は嘘だった、粉飾していたことがばれちゃった、となると、みんな我先にと株を売りに出すだろう。すると、株価は一気に暴落する。

こんなの許せないはずだ。多くの人の株が昔の言葉で言えば、紙切れ同然になる。

だから、こういうことを許さない仕組みとして、上場市場がある。証券取引所が厳しく審査して、上場の資格があるかどうかを決める。

上場後も経営の公正な判断や運営が行われているかの監視統制をするために、すべての上場企業には外部の監査法人による監査が義務付けられる。その監査法人が徹底的に財務諸表や計算書類の内容をチェックする。こういう外部からの統制の仕組みを、専門用語では、コーポレート・ガバナンスという。

もちろん、会社の中にも、内部監査人や監査役がいて、常に内部からも会社の健全性を厳しく統制している。こういう統制を徹底し、上場に耐えうる会社にしていく準備をして、はじめてIPOが可能になる。

さらに上場企業は、社会の公器として、サステナビリティ経営やお客さん以外のすべてのステークホルダーに対するさまざまな社会的責任を負うことになる。

ちょっと息苦しさを感じるかもしれない。しかしこれは上場企業の当然の義務だ。代わりに上場企業はさまざまな権利や名声を獲得できる。世界から集まるプロアマの株主からの支持を得ることができれば、小が大を食うような大規模な企業買収（M&A）も、巨大な資金を調達して実現できる。最も欲しかった有能な人材たちも自ら門をたたいてくれるだろう。協業先も見つかりやすくなるだろう。

成長意欲があれば、いいこと尽くめだ。IPOは大きなビジョンと志を掲げるベンチャーにとっては、無限の成長の通過点でしかない。まだ大きな山の3合目ぐらいだろう。

以上、今回は、全くのアイデアベースのシーズのステージから、スタートアップ、アーリー・ミドルステージ、レイターステージ、ＩＰＯと、ベンチャーのライフサイクルをざっと見てきた。ちょっと難しい部分もあったかもしれないが、おおよそのことはつかめたと思う。おおよそがわかれば、それでいい。

ちなみに、最初80万あったシーズだが、ＩＰＯまで来た段階で、いったい、いくつになっているのだろうか？

わたしの感覚では、10社である。

やろうと思う人1万人、やる人１００人、やれた人10人、やり続ける人1人未満、といったところだろうか。

世の中そんなもんである。ＩＰＯをあきらめた中堅、中小のファミリービジネス企業は世の中にたくさんある。もちろん、それもまた一つの選択だ。

日本にベンチャーを増やす処方箋

最後に、日本のベンチャーをとりまく状況について、悩ましい課題を三つ挙げておこう。

まず第一に、**そもそも起業家が少ない。**最近は、大学はもちろん、高専や高校でもビジネスピッチを行うところが出てきている。本書を読んでくれているであろう高校生もいる。社会人顔負けのアントレプレナーシップを持つ十代が日本全国あちこちに出現している。

その一方で、アントレプレナーシップなどまるで無縁の若者も増えている。二極化が進んでいる。リスクを極端に回避しようとする安定志向が、特に若い人の間に多いように感じられる。

それは環境のせいだ。つまり、教育。子どもの頃、言われてこなかった？　危ないことやっちゃだめだとか、子どもがお金のことなんて、考えちゃだめだとか。

資本主義の世の中にあって、にわかには信じがたいことだが。

日本に起業家が少ないのには、**文化的背景**もある。「わたし起業家です、アントレプレナーです」と言うと、敬遠される傾向が長く続いてきた。いまではおそらく、10人中4人ぐらいの大人が「すごいね」と言ってくれるように思うが、ちょっと前までは、1人もいなかった。

でも、フィンランドに行ってごらん。アメリカに行ってみなさい。イスラエルに行ってみるんだ。「俺起業した、わたし起業した」と言うと、10人中8人は、「就職しないでベンチャーやっているの？　すごいね！」と褒めてくれるだろう。

日本のベンチャーを取り巻く課題のもう一つは、**グローバル級で成功している事例が少ない**ことだ。そもそも成功事例の数も少ない。有名どころでせいぜい両手ぐらい。グローバル級だとソフトバンクやファーストリテイリングやニデック（日本電産が

2023年に社名変更した）ぐらいだろうか。

ほとんどが国内にフォーカスしていて、いきなり海外に出ていくところが少ない。昭和の時代の思い込みで、国内市場がまだまだ大きいと誤解をしているようだ。あの頃、国内市場は世界の2割はあったが、いまではもう5％を切ろうとしている。韓国やイスラエルのように、最初から海外市場を想定するベンチャーとは、世界の見え方が違っている。


三番目の課題として挙げておくのは、**育てる人が少ない**、ということだ。

もちろん、増えつつはある。わたしもこうして本にしたり、大学でベンチャー企業論やイノベーション事業化コースを教えたりして頑張っている。

日本の代表的なベンチャーキャピタルの一つであるグロービスでは、スタートアップの講義のため、講師を地方の高専に派遣したりしている。最終日に総仕上げとして、手づくりのビジネスピッチも行う。

その他にも、シードアクセラレーターという名前で呼ばれる、リスクマネーは出さないが、シーズ段階でスタートアップのアントレプレナーやそのチームを見つけて育てる、という仕事をする人たちも増えている。

会計士など士業の専門家の中にも、特にベンチャーが好きで、手弁当で伴走する奇特な人たちもいる。わたしも手弁当の伴走を70社以上行っている。

しかしながら、普通の高校や大学で、ここで書いているようなベンチャー企業論を教えられる教師がいるかというと、そりゃあ、なかなか難しいよね。先生にそこまで求めるのは酷でもある。

いちばんの生きた教師は、成功した起業家、ベンチャー企業家ということになるだろうが、実際のところ、数も多くなく、必ずしも現実的ではない。まずは学術レベルでとことん広く深く追究する研究者、大学の教授レベルの教師がもっともっと増えてくることを強く望みたい。

ちょっと考えてみたらわかるように、結局すべての企業は、そして大きくは、すべての産業も、最初はベンチャーとして生まれてきた。古くは三菱グループも三井住友などの財閥だって、そうだ。

つまり、アントレプレナーを育てるということは、これからの日本経済の成長のために、新しい企業をつくり、ひいては、新しい産業を創出するということだ。

しかもそれは、最初からグローバルに成長していける企業でなければならない。中国とか、インドとか、これから人口も所得も増えていくであろう東南アジアとか。そういうところで新しく需要を取り込んでいく事業やビジネスモデルが必要になる。

これは、もう、ちょっとというか、かなり、普通の学校の先生の領域を超えている、大いなる物語だ。

では、どうやって、これからの日本経済を牽引していくようなベンチャーを生み出すのか？

これは長い間いろいろと議論されてきた。結論を言えば、たくさんベンチャーをつくるしかない。とにかくたくさん、**多種多様、大量に乱造する**しかない。なにしろ、そもそもＩＰＯに至るスタートアップが、当初のシーズの千三つ以下なんだから。生物の繁殖戦略にたとえると、多産多死による種の保存を目指すのである。人間のような少産少死は論外だ。カニや魚やカエルのように、多産多死しかない。

でも、**たくさんつくるには何が必要かというと、究極、お金**なんだ。**リスクマネーが足りない。**

スタートアップに流れ込んでくるお金は、増えてきてはいるが、増えていると言っても年間にやっと1兆円程度。ほんの少し前は年間2000億円程度だから5倍だが、アメリカでは40兆円と驚異的。お隣の中国、欧州も軽く10兆円を超えている。世界全体で80兆円ぐらいのリスクマネーが投下されていると考えると、いかにもお粗末だ。

だから、**最も重要な処方箋を挙げろと言われたら、ベンチャーキャピタル、それも、CVCと言われる事業法人系のベンチャーキャピタルを増やすことだ。**

CVCはコーポレート・ベンチャーキャピタルの略称だが、要は内部留保を持つ大手の事業法人が、大量のリスクマネーを提供する仕組みだ。日本の大手の事業法人はお金を貯めることが大好きだ。これをリスクマネーとしてベンチャー育成に拠出しなさい、ってこと。

このコーポレート・ベンチャーキャピタルで、先駆者として有名なのは、アメリカのインテルキャピタルだ。インテルというのは、「インテル入っている（Intel Inside）」というコマーシャルからもわかるように、パソコンの中の中央演算処理装置（CPU）のチップをつくっているメーカーだ。

ということはつまり、そのチップを使う魅力のあるプロダクトをつくる関係企業が増えれば増えるほど、インテルも儲かる。だから、インテルのCPUのチップを使うプロダクト開発やマーケティングをするベンチャーであれば、どこでも誰でも提案をしに来てくれ、お金を出すよ、とやり出したわけだ。世界ですでに2兆円くらいのリスクマネーを供給してきている。

そのおかげで、パーソナルコンピューターを中心にしたいろいろなコンピューター産業、モバイル端末やデバイスの産業が発達したともいえるんだ。

それから、最近では、Googleがやっているグーグルキャピタルも規模を増している。Googleは、可能性のあるあらゆるものに出資している。なぜなら、人間が生きて検索する限り必要なものすべてはGoogleのものだと考えているからだ。検索してもらう時間を増やして収益を上げることが基本的なビジネスモデルだからだ。

Googleがいち早く自動運転の電気自動車の開発に着手したのも、車を移動手段というより、移動中の時間をも検索の時間として活用できるようにするためだ。

わたしも、小さなファンドながら、いくつかのCVCの面倒を見ている。CVCを前向きに検討する事業法人からの相談も多くなった。日本にも、多様で、大胆で、個性のある、大盤振る舞いのCVCが、どんどん出てくることを期待したい。

KEY POINT

シーズ

未来のニーズに着眼し、
知財をつかみ、仲間を集めるステージ。
仮説の目論見と構想を描く。

スタートアップ

ビジネスプランと会社の登記と資金調達。
エンジェル投資家への依頼やピッチへの参加。
創業チームをつくり、プロトタイプをつくる。

三つの罠

①構想倒れ。売上が上がらない。
②仲間割れ
③競合の出現

アーリー・ミドル、レイター

事業拡大のための
ベンチャーキャピタルからの資金調達。
ケイパビリティ（能力・スキル・技術）の増強。
R＆D、マーケティングや経営管理体制と組織づくり。

IPO

ようやく3合目！
起業しようと思う人10000人、する人100人、
できた（IPO）人10人、続く人1人の世界。
内部体制を持ちながら、無限の成長を目指す。

第3講

ビジョンとアントレプレナーシップ

イグジットは何のため？

第2講の講義で、ベンチャーのライフサイクルとして、シーズステージから始まって、スタートアップステージ、アーリー・ミドルステージ、レイターステージ、そして、IPOに至る物語で、話を締めた。IPOでようやく世間で義務を負いながら権利を謳歌できる大人の社会人として認められる会社になると。

すると、こんな声が聞こえてくるかもしれない。

え？　IPOしたら、イグジットして創業者利益を得て、「一丁上がり」。アントレプレナーとして成功したってことになるんじゃないんですか？　と。

さらに、別にIPOしなくたって、その前に、Googleに買ってもらえばいいんじゃない？　という利いたふうな口をきく人もいるかもしれない。

おっと、イグジットというのは、EXIT、そのままだと「出口」だが、投資の世界では、企業の創業者や経営者、出資者が保有する株式を売却し、投資した資金を回収することを言う。


事実、世界の多くのベンチャーが上場前に、Googleや、Facebook、Appleなんかに、買ってもらっている。日本のベンチャーでもそれを狙う連中が増えている。

なぜかというと、ＩＰＯしたときに株式市場で値段が付く時価総額よりも、GoogleやFacebookが買ってくれる値段のほうが3割、5割高いからだ。

ベンチャーの創業チームにしてみれば、上場しても50億の事業価値にしかならないのに、Googleに売りに行ったら、１００億で買ってくれる。そっちのほうがいいよねと思う人もいる。

実際、ＩＰＯしたところで、すぐに株を売って現金化できるわけではない。そもそも自分がすべての株式を持っているわけではないし、多く持っていればいるほど、一度には売れない。そんなことをしたら、一気に株価が下がってしまう。しかもＩＰＯ

してすぐに会社のオーナーとしての支配権を失いたくないだろう。

ただ、イグジットする人が、すべてそれ、すなわち、お金を目的としているわけではないはずだ。

単にお金の損得でイグジットを選ぶ、あるいは、最初からそれを目的に、ベンチャーを始める人も中にはいるだろうけれど、実際にはその成功確率は低い。

イグジットで巨万の富を得る人は、やはりIPOして粘り強く継続的に成長を目指し、それを達成したアントレプレナーたちだ。単に金儲けが目的で始めても、うまくイグジットできるほどの魅力的な会社を育てることはできない。

つまり、**ベンチャーの創業者たちにとって、いちばん大事なことは何かというと、自分たちがつくったモノコトをいかに世の中に広めるか**ということのはずだ。

そのために上場して、さらに資金調達をして、もっと世の中に広めるための活動をしようと思っていた。ところがそこに、GoogleとかFacebookから声がかかる。彼らの仲間に入ったほうが、これから自分で続けるよりもずっと早く世の中に広まる。

だったら、イグジットしたほうがいいか。

ベンチャーのアントレプレナー、起業家たちや、創業チームにとってみれば、上場するよりも、GAFAMなどの仲間に入ったほうが、世界中の人たちに使ってもらえるという自分たちの夢が実現する近道なんだ。

事業価値を高く評価してもらえるだけでなく、一気に世界中の人に使ってもらえる、一挙両得！　こんないい話はない、ということなんだ。

有名な例は、Instagramだ。インスタは、いまや世界中の人が使っているが、当初は、アメリカの4、5人でつくったベンチャーだった。スタートから2年後の2012年、社員がやっと10人を超えて、利用者数が3000万人になったものの売上はほとんどゼロのときに、当時のFacebook（現在のMeta）が10億ドル（事実上は7億1500万ドル）で買収した。日本円で1000億円だ。はたして4年後の2016年には、利用者数が5億人を突破する。

現在、月間利用者数は20億人。当時10億ドルとは、とんでもなく高い値段をつけたものだと話題になったが、本体のFacebookの売上が苦戦している中、いまでは

Metaの重要な柱になっている。

さらには、2023年7月にリリースしたTwitter（現在「X」）の対抗とされるSNSサービスThreadsも、インスタのアカウントやフォロワーをそのまま引き継げることで、当初は驚異的なスピードでユーザー数を伸ばしていった。

売ったベンチャーにとっては、自分たちでは到底なしえないスピードで、世界中の人に自分たちがつくったサービスを使ってもらえるようになったわけだ。

ベンチャーで最も重要なのは、ビジョン

このように、**ベンチャーで重要なのは、自分たちが投入する商品・サービスによってどのような世界、未来をつくりたいかという「ビジョン」だ。**

わたしたち投資家が、最初、シーズの段階で、エンジェルとして起業家の卵を見る

ときも、見る観点は二つ。**その人の人柄、人格。そして、ビジョンだ。**

本書では、このうち、ビジョンについて、お話ししていく。

さて、ビジョンとは何か？

新しい事業をつくって、それを世の中に問いかけていくことが「起業」であり「企業（業を企てる）」で、そこで、**何を未来の社会と人々に問いかけていくのか、それがビジョンになる。**それはまた、未来の社会と人々からの問いを受けとめることでもある。

未来には、さまざまな社会や生活の課題、温暖化問題など地球環境の課題、人類が抱えている共通の課題がある。それらに対する大いなる問いかけがあって、新しい産業が生まれる。そして、その産業を生むのは、何度も言うように、たった一つのベンチャーからだ。

人類の課題、地球の課題、あるいは社会課題、身の回りの課題に対し、自分たちが解決してやろうという想いを持って取り組むのがベンチャーだ。

その強烈な想いと決意、そもそもの問題意識がなければ、ベンチャーは立ち上がらない。

だから、最初に大事なのは、そのベンチャーの起業家たちのビジョンなんだ。

たとえば、きみも多分よく知っているイーロン・マスク。世界一の金持ちであり、希代のアントレプレナーだ。

電気自動車のテスラだけではなく、彼が掲げているビジョンはたくさんある。なかでも、宇宙事業について、彼は将来、地球上に人類は住めない、だから、将来の人類のために火星を人類の植民地にすると言っている。

火星を人類の植民地にするために、1回200人を1000回小分けにしてまずは送り込む計画だ。そのためには、安全に火星まで到達できるロケットを開発しなければいけない。しかも、安くだ。だから、マスクはSpaceXをベンチャーとして創業した。従来の大手企業のロケットが1基150億円を超えるのに対して、彼のロケットFalcon9は90億円で済む。

これをどう評するかは別として、これが起業家の大きなビジョンだ。

ビジョンには、こういうぶっ飛んだビジョンから、おいしいものを提供して、みんなを笑顔にしたいから、京都のある街の一角においしいスイーツのお店をつくって、自分自身もパティシエの勉強をして、その想いを共有する仲間のパティシエを引き込んで、これから100年続く京都一おいしいお菓子屋さんを創業する、といったビジョンまである。これだって立派なビジョンだ。

では、イーロン・マスクの宇宙事業のビジョンと、京都一のおいしいお菓子屋さんをつくろうというビジョンの違いは何だろう？

つまりは、**ビジョンには、高さや、広がり、深さやレベルがある**、ということだ。

これから、ビジョンの枠組みについて、考えてみよう。

ビジョンの三つの枠組み

鳥の目、アリの目という言葉、多分、聞いたことがあるよね。

鳥の目で見て考えろ。アリの目で見て考えろ、と。


まず、鳥の目のほうから考えてみよう。

英語でBirds Eyeという。つまり、英語圏でも同じようなことが言われているわけだ。どういう意味かというと、そのまんま。鳥になって、**高いところから世の中を広く俯《ふ》瞰《かん》的に見る。その目から物事をとらえる**と、見え方が変わるでしょう、という話。

これは、必ずしも空間だけとは限らない。**時間軸の鳥の目もある。**たとえば、温暖化。温暖化といっても氷河期が来たら一発で解決するよね、とか。でもその前に、地球上の平均温度があと5度上昇したら氷はすべてなくなり、巨大な台風やハリケーンが襲いまくる、とんでもない大災害の地表になるよね、とか。

空間軸で言えば、京都だけ見ているんじゃない、日本だけ見ているんじゃない、アジアを広く見ようよ、地球全体を見ようよ、あるいはイーロン・マスクのように、太陽系を見ようよ、となるし、時間軸で見れば、地球に住めなくなった未来を見ようよ、となるわけだ。

一方、**アリの目というのは、すごくミクロで見る**ということだ。日頃、わたしたちが見落とすような些細なレベルのところから、重箱の隅をつつくようにしてビジネスを組み上げていったらどうなるかを考える。

徹底して細部にまでこだわってつくられた職人芸の商品とか、数十年前からあるのにあるときふっと新しい使い方が発見されてブームになる普及品とか。たったひとつの用途にしか使えない専門品とか。

サービス業で言えば、かゆいところに手が届くという感じ。こんなところまで気を遣ってくれていたの⁉ と言われるような。ただひとりだけのためのスーパーコンシェルジュみたいなものとか。
こうしたことができるレベルの、ものの見方もビジョンの一つだ。

ほかにも、ビジョンメイキングに役立つ目の位置がある。**自分自身の目、等身大の目**だ。等身大の目で見ると、また違ったビジョンが出てくる。

等身大の目で見るということは、自分と同じ人間について、表面的ではなく、深く理解をするということだ。

等身大の目を使ったいちばん簡単なビジネスのつくり方は、自分自身がお客として、そのサービスを楽しめるか、その商品を喜んで買いたいと思うかという目で見て、ビジネスモデルを考えることだ。さきほどの、周りの人間を笑顔にしたいというビジョンというのが、このレベルの視点から見てつくられたビジョンだ。

ほかにも、**魚の目**というのがある。これも覚えておくといい。

魚には、体で感じる目がある。えっ？　どういうこと？　って思うだろう？

黒潮に乗ってくる魚、親潮に乗ってくる魚、両者が交わるところが、日本最大の漁場となっているのは知っているね？　つまり、**魚は全身で潮の流れを読む。大きな潮の流れを見て、それに乗る、これが魚の目の特徴だ。**

大きな流れを掴むという点では、鳥の目の一つだとも言える。ただ、**魚の目の場合、時間軸は常に「現在」だ。いまを掴む。**それも、鳥の目のように物事を俯瞰《ふかん》的に見るのではなく、大きな流れの中での「いま」を掴む。「仕掛け時」を掴むということだ。

魚の目がないと仕掛け時を間違えてしまう。そして、仕掛け時を間違えると、ビジネスはけっして花を咲かせないのだ。種をまく時機を間違えると芽が出ないのと同じだ。

着眼・突入・徹底

以上が、ビジョンの枠組みだ。

では、このビジョン、宇宙開発事業のビジョンであれ、京都のお菓子屋さんのビジョンであれ、それは、**どこから生まれるのか？**

それが、第1講で最初にお話しした**アントレプレナーシップ、企業家精神だ。これがないと、ビジョンは生まれない。**

なぜなら、自分たちに何ができるか、何をするのかというビジョンの以前に、世の中に何が必要か、未来に何が必要か、という事業機会（英語でBusiness Opportunityという）を見つけだそうとする意志（アニマルスピリット）がなければそもそも、そのために何ができるか、というビジョンは形成されないからだ。

その意志、精神が、アントレプレナーシップだ。

アントレプレナーシップがあってはじめてビジョンが形成される。

そのアントレプレナーシップによって目を向けられるところが、鳥の目レベルなのか、等身大レベルなのか、アリの目レベルなのか、あるいは魚の目というべき視点なのかによって、ビジョンのつくり方が変わってくるわけだ。

では、等身大の目のレベルのビジョンがどうやって生まれるか、さきほどの京都のお菓子屋さんの例で見てみよう。

「京都には和菓子屋さんがたくさんあっていいね」これがただの人。「京都っぽい洋風のスイーツの店って少ないね」こういう観察と気づきができるのがアントレプレナーシップ！　そうやって見てみると、「ということは、京都に来る日本のお客さんも、ちょっと同じ和菓子には飽き飽きしていて、老舗の和菓子以外に、和風の洋菓子みたいなものも欲しがるんじゃないだろうか」と思いつかないだろうか？　思いついたとしたら、それが、**事業機会、Business Opportunityだ。**

京都には日本人以上にインバウンドのお客さんが多い。彼らも、毎日和菓子じゃつらいんじゃないだろうか。自分の母国のお菓子に近いものも食べたくないだろうか。かといって、まったく同じものでは、京都に来た甲斐がない。和風にした洋菓子なら、どうだろう？　それなら、海外からのお客さんにも日本人にも受けるんじゃないかな。

ここまできたら、もうビジョンだ。

この、ビジョンを思いつく瞬間を、「着眼」と呼ぶ。

このようにして、事業機会、Business Opportunityが、京都の和風洋菓子屋さんの開業というビジョンにつながっていくわけだ。

ベンチャーをやるときに、三つの呪文を唱えてくださいとわたしはいつも言っている。

起業家・事業化の三原則＝「着眼」・「突入」・「徹底」だ。

最初の原則一が、**「着眼」**だ。いま言ったように、ビジョンを思いつく瞬間だ。**ビジョンの動詞**だと思ってくれていい。

新しい事業をやりたければ、アントレプレナーシップを持って、ビジョンを描く。ところが、ビジョンって言葉自体が、なんだかふわふわしていて、実際に描こうと思うと、どうしたらいいかわからない。そこで、わたしはこれをあえて日本語の行動原理として「着眼」と呼んでいるわけだ。これから、ずっと、着眼という単語をビジョンの動詞として使っていく。

まず、**着眼しようよ、そこに事業機会があることに着眼する。そしてどんなビジネス、どんなプロダクト（商品）、どんなサービスを提供すれば、そのお客さんをつかまえることができるか**というのを考えてみる。

というわけで、京都の和風洋菓子屋さんの開業に着眼したら、次に何をするか。この話で続けてみよう。

まず、めちゃくちゃこだわって試作品をつくるよね。そして自分はもちろんだが、お客さん候補に食べてもらう。食べてもらって、お客さんが笑顔になるか見てみようよと。これをわたしは、**「突入」**という呪文、原則二としている。

着眼して、これ、いけそうだと思ったら、その試作品をつくって突入をする。英語の単語ではこれを**プロトタイピング**と呼ぶ。プロトタイプをつくって、実際に試してもらうのだ。

実際、ベンチャーを立ち上げると、仲間内で毎日のように議論をし、いろいろな試作品をつくって、この場合だったら死ぬほど食べて、さらに議論を重ねる、という日々が続くことになる。

ある程度いったところで、まだ完璧ではないけれど、とりあえずぶつかってみよう、お客さんに問いかけてみよう、となる。これが「突入」。「事業化」の始まりだ。

本当にお客さんに受けるのかな、日本人に受けるかな？　インバウンドのお客さん、喜んで食べてくれるかな？　最初は店ではなくて、どこかにワゴンで出店して、道行くお客さんに食べてもらって、反応を見ることにしよう。

その結果、お客さんをつかまえた！　おいしいと言ってくれた！　日本人もインバウンドのお客さんも！　となったとする。

これで喜んじゃだめだというのが、最後の呪文**「徹底」。原則三だ。**

うわーお客さん喜んでくれた、わたしたちの着眼は当たっていた、わたしたちのつくった和風洋菓子でいけそうだ！

どうだろう？　これでうまくいくと思う？

そう、いかないよね。たまたまそういうお客さんに出会っただけかもしれないし、お客さんはもしかしたら社交辞令で言ってくれただけかもしれない。もう一度、食べに来たいと思うかどうか、わからない。

やはり、**勝負はリピート。もう一度食べに来てくれるかどうかだ。**

ということは、もう一度食べに来てくれるような店のつくり方、お菓子のつくり方、宣伝の仕方。最近で言えばインスタのあげ方等々が重要だ。

徹底して、業務プロセスを磨き上げないといけない。

業務プロセスというのも専門用語だけれど、これを、ベンチャーの世界では「ビジネスモデル」という。こっちのほうが、きみにはなじみがあるかもしれない。

以上の**「着眼・突入・徹底」**の三つが、ベンチャーを始めるときの3ステップだ。

起業について、いまは、いろいろな本がたくさん出ているけれど、難しい理論書で覚えるよりも、この三つをしっかり理解すればいい。

要は、ベンチャーをやるときは、最初「着眼」。ユニークで誰も真似できないような目のつけどころのいい着眼から入る。

とりあえず、試作品を一生懸命つくってお客さんに「突入」。真摯に問いかける。

そして、お客さんからのフィードバックを受けて、「徹底」して自分たちのビジネスモデルを磨き、誰にも真似ができないようにしていく。

この、**誰にも真似できないところまで「徹底」してビジネスモデル（業務プロセス）を磨き上げる**ことが重要だ。英語で言う **Operational Excellence** を目指すんだ。

成功しているベンチャーは必ず真似されるからだ。それもたいてい、自分たちよりずっと大きくて名前も知られた古い会社に。

図表3

着眼・突入・徹底

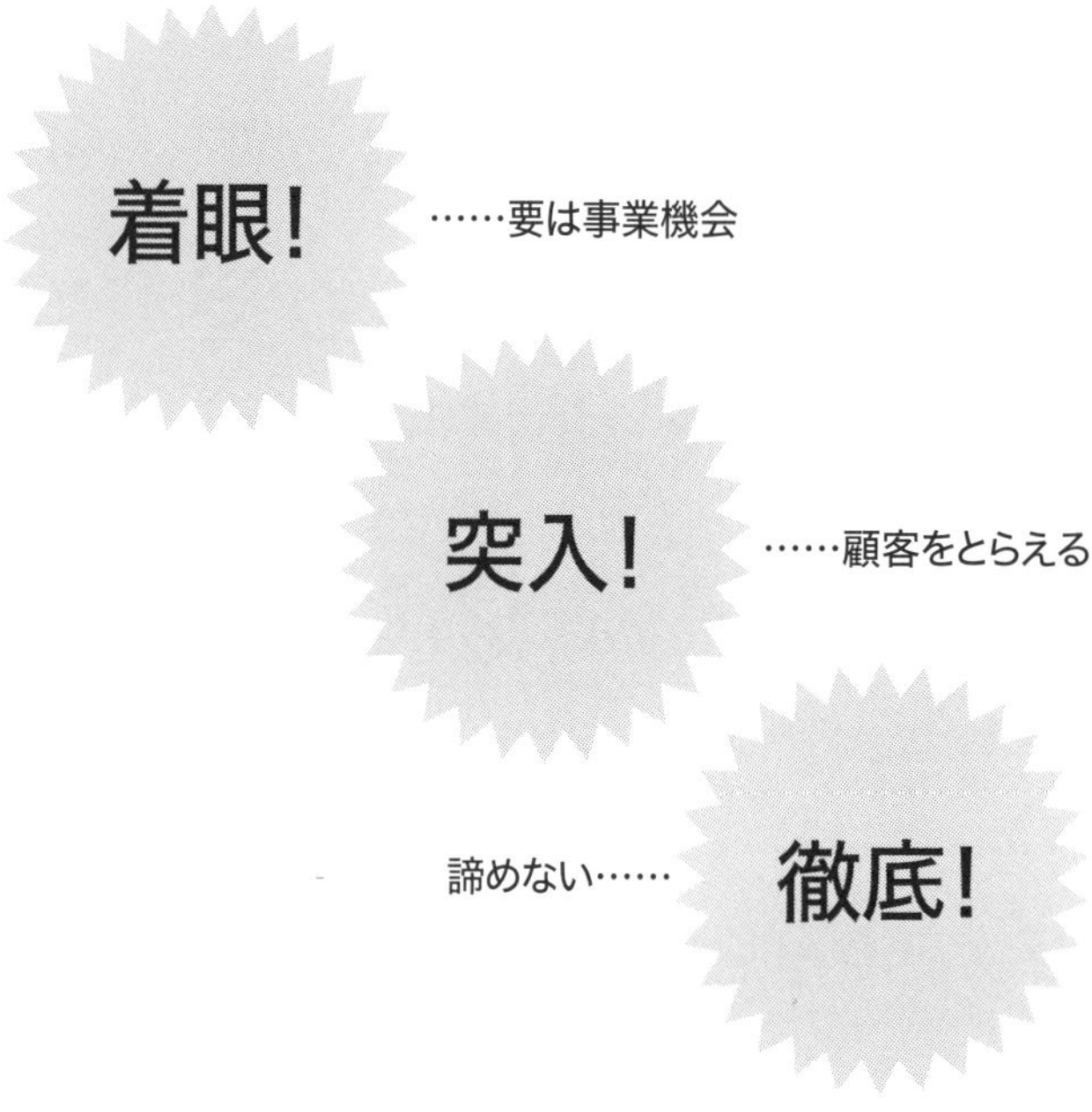
着眼！
……要は事業機会
突入！
……顧客をとらえる
諦めない……
徹底！

せっかく成功したスイーツができたとしても、必ずスパイがいる。同じようなベンチャーをやりたいなと思っている連中かもしれないし、もしかしたら老舗の人たちかもしれない。

老舗の人たちが、近頃お客が減っているからどうしたんだろうと思ったら、最近できたお店が相当集客しているらしい、と、見に来る。みんなスパイだ。でも悪いことではない。ビジネスとは常にそういう戦いの連続だ。

日本はアメリカのスパイをして、韓国は日本のスパイをして、中国は、アメリカ、日本のスパイをしている。そうやって世の中の産業は広がっている。真似されること自体はしょうがないことだ。

しょうがないといっても、真似されてそのまま諦めてしまっては、そこで終わってしまう。**重要なのは、真似されても勝つことだ。**

真似されたときにどうやって勝つか？

たった一つ。徹底して、自分たちが前に行くしかない。**ナンバーワンで走り続ける**しかないんだ。ナンバー2になった時点で、終わりだ。

徹底して自分たちのビジネスモデル（業務プロセス）を磨き上げ、絶対真似のできないレベルまで上げて行く。卓越したレベルだ。そうすれば相手は真似できない。真似しようと思っても、常に先に行っているわけだから。

と、これがここで言う「徹底」だ。

これから、着眼・突入・徹底の話は何度もしていく。

次の講は、最初の「着眼」について、より具体的に、いくつかの業態を例にして、ビジネスに必須の儲けの仕組みを絡めながらお話ししたいと思う。

KEY POINT

ビジョン

最も需要なのは、
自分たちが投入する商品・サービスによって
どのような世界、未来をつくりたいかという
アントレプレナーの想いや志。

ビジョンの三つの枠組み

鳥の目、アリの目、等身大の目
そして魚の目も。

着眼

ビジョンを思いつく瞬間を「着眼」という。
どんなビジネス、どんなプロダクト（商品）、どんな
サービスを提供すれば、事業機会をとらえ、
お客さんをつかまえることができるか。

突入

プロトタイピングによる
最初のお客さんへの問いかけ。
まずは、試作品をつくり、市場に投入。
お客さんの反応を見る。

徹底

Oparational Excellenceを目指す。
お客さんからのフィードバックを受けて、
ビジネスモデルを「徹底」的に磨き上げる。

第4講

儲けの仕組み

1%の着眼なくして、99%の突入、徹底なし

「天才とは1%のひらめきと、99%の努力である」というエジソンの言葉は誰でも知っているだろう。小学校でも習ったかもしれない。ただそのとき先生が、「だから、みなさん、大切なのは努力です。誰でも努力すれば、エジソンのようになれるのです」などと解説したとしたら、それは真っ赤な嘘だ。間違いだ。

正確にはエジソンの真意は、こうだ。

「1%のひらめきがない限り、99%の努力は無駄だ」

悲しいけれど、これが事実。エジソンのセリフとしての事実というだけでなく、世の真実だ。確かに努力は大事だ。でも、その前にひらめきがなきゃいけない。と同時に、ひらめきがあっても、徹底的な努力がなければ何も実らない。

つまり、**1％の着眼なくして、99％の突入、徹底なし。1％の着眼があって、はじめて99％の努力をする意味が出てくる。**だから、前の講でお話しした原則二の突入、原則三の徹底もすごく大事なんだけれども、その前に着眼をちゃんとしたほうがいい。しなければならない。そうしないと、突入、徹底で流す大量の汗が報われない。

というわけで、これから、「着眼」を特に取り上げてお話ししていく。ビジネスに限らず、人生にも通じることだということもおわかりいただけるだろう。

いろいろな目の付け所はあるわけだが、そもそもなぜ目を向けたくなるのか、結局どこからその何でも見てやろう精神が来ているのかと言ったら、**「好奇心」**だ。日常の好奇心から来ている。そう、きみが持っていた、子どもの頃のあの、毎日がワクワクする好奇心だ。ひょっとしたら、もう大きくなってなかなか好奇心が持てないよ、と感じているかもしれない。

その場合は、まずは、思い出すことだ。思い出す方法は簡単だ。たとえば何か気になったら、あるいは知らない言葉に出会ったら、すぐにググってみる、生成系ＡＩに尋ねてみることだ。すると、新しい情報やニュースが入ってくる。新しいことを発見したりする。すると、もっと知りたくなる。そうやって、好奇心が芽生えてくる。正確には、もともと生まれたときから誰でも持っている好奇心が蘇ってくる。

ただ、ここで、アントレプレナーやわたしのようなキャピタリスト、それと普通の人との違いが現れるのも事実だ。

たとえば、スイーツの店のアイデアに悩んでいたとき、パリに大行列のスイーツの店ができたというニュースを知る。

そしたらどうする？　まずググるよね。いまやググればたいていのことはすぐ出てくる。テキストだけじゃない。写真や動画も出てくる。地図はもちろん、近くのストリートビューも見られる。ChatGPTなら、丁寧にまとめてレシピまで教えてくれる。

普通の人は、それで満足してしまう。わかった気になってしまう。

では、アントレプレナーやキャピタリストならどうするか？

現地に飛ぶ。とりあえず見に行く。

経済的理由でパリは無理かもしれない。でも、京都だったら、せめて札幌ぐらいだったら、東京から日帰りでも行く。そして、観察する。食べる。可能なら、一日中でもずーっと見てる。お客さんたち一人ひとりの様子や店員の動き方、客動線、店内のインテリア、明るさ、暗さ、空気の流れ、匂い、音、皮膚感覚。可能な限り、厨房やバックヤードのオペレーションも覗く。そのすべてを、できる限り体のすべてで体験する。


要するに、盗むわけだ。なぜ、この店はこんなに流行っているのか？

その理由を、店の内外から得ようとする。

店の前を通り過ぎる人たちはどういう人たちか？　何がこういう人の流れをつくっているのか？　お店の周りに理由はないか？　街の特徴は何か？

あらゆることを観察する。

探ろう、調べよう、見つけようと。

一つの好奇心によって得られた発見が、次の好奇心を導く。そうやって、さまざまなことに好奇心を持ってしまう。好奇心が爆発する。

それが、アントレプレナーだ。

というわけで、身の回りの等身大の目のレベルで事業機会を見つけるのは、そんなに難しいことではない。見つけてやろうというアントレプレナーシップがあれば、そして、アリの目で現場を観察すれば、いくつも見つかる。それで、すぐに新しい事業がつくれる。もうすでに、高校生で始めている人もいる。

起業は簡単だ。始めればいい。

ただ、それを継続、発展させるとなると、これが結構難しい。

継続させていくことを、わたしは起業と区別して、創業と呼ぶ。

「起業は易し、創業は難し」なんだ。

好奇心を弾みにして起業し、そしていかにその好奇心を失わずに保ち続けるかだ。

突入と徹底だ。アイデア1万人、やる人100人、やり続ける人1人未満、だ。やり続けよう。

起業しなかったら何も始まらない。そして、起業は着眼から始まる。そして、その後、突入、徹底をして、創業が実現する。このことは忘れないでいてほしい。

ブランドバッグから弁当屋まで、着眼の例

いま、起業は簡単だ、という話をしたので、ここでいくつか、起業の頭の体操をしてみよう。鳥の目ではなく、等身大の目、アリの目のレベルの着眼でいく。

たとえば、儲かる弁当屋。儲かるブランドバッグ。儲かる居酒屋などなど。

いきなり「儲かる」なんて世俗的な言葉が出てきて、引いてしまった人もいるかも

しれないけれど、やっぱり儲からなきゃだめなんだ。「儲かる」って字、「信者」という熟語を合わせてできていることに気づいていた？

つまり、**儲かるというのは、信者を集めること**なんだ。宗教法人は文字どおりだけれど、ビジネスも同じ。

これ、たまらなくおいしいスイーツだね、と言ってくれる信者、毎日のように買ってくれて、他の人にも薦めてくれる信者。そういうお客さまを一定数得て、はじめて儲かるようになる。

儲かるためは、儲け続けるためには、信者をつくらなきゃいけない、ということだ。

では、儲かるブランドバッグの場合から見てみよう。

たとえば、100万円のエルメスの商品、たとえばバッグがあったとする（いまは、もっと高いらしいけど）。その原価はいくらだと思う？

原価というのは、そのバッグをつくるために使われた素材と職人さんたちの人件費、すべて。いくらぐらいだと思う？

結構お金をかけているんじゃないかなと思うよね。そう、すごくお金をかけている。

驚くくらいの⁉ 25万円。

では残り75万円はどこにいった？ どこにかけている？

まずはその会社の利益。利益はどのくらいだと思う？

だいたい3割を超えるぐらいだろう。100万円の30%だから30万円。

100－25－30＝45 で、まだ45万円ある。

これが、何に使われているかというと、職人以外の人件費と家賃（本社の家賃や店舗や倉庫の家賃）と、そして、広告宣伝費だ。実は、広告宣伝にすごくお金をかけている。多分、こちらも100万円の30%ぐらいだろう。つまり、30万円。だから、残りの15万円が、人件費と家賃などの固定費だ。

どう？ この例から、街で見かける超高級ブランドバッグの、儲けのからくりが見えて、面白くないかい？

居酒屋とラーメン屋と弁当屋が儲かるには？

では、居酒屋の場合はどうだろう。売上を100%とすると、居酒屋でもラーメン屋でもだいたい60%が食材費と人件費だ。これをFLコストという。FoodのFとLaborのLだ。たいてい半々ぐらいになっている。食材費30%、人件費30%だ。

以後、バッグと同じく話をわかりやすくするために、売上を仮に100万円とする。売上100万円とすると、原価である食材費は、30万円。バッグと比べるとかなり高い。人件費も同じく30万円。人件費も高いね。

それから、お店の家賃と光熱費、その他雑費。想像どおり、居酒屋では光熱費も結構かかる。で、これらを合わせて30万円。

ここまでのコストを引くと、利益は、10万円となる。

100万の売上で利益10万円。これが外食産業の大体のコスト構造だ。もちろん、うまくいっているお店の例だが。

ここで、知っておいてほしいのは、**「損益分岐点」**といわれるものだ。聞いたこと、あるよね？ **英語で、Break even pointと書いて、BEPと言う。BEP（ベップ）。**要は、赤字となるか黒字となるかの売上の分岐点だ。

ここで注意しなくてはいけないのは、かかっている費用の中で、家賃や人件費は、売れても売れなくても支払わなくてはいけない費用だということ。こういう費用のことを固定費という。これに対して、食材費はつくった分しか使わないから、仕入れの費用は、売上にある程度比例して増減するので、変動費と呼ばれる。

人件費では、正社員は固定費扱いになるけれど、アルバイトは変動費扱いになる。ただ、お店を開けている限り、最低店長1人は置かないといけないとなった瞬間、たとえアルバイト店長でも、その人件費は固定費扱いになる。お客さまが増えてきて、ホールが忙しくなってきた、厨房が忙しくなってきたので、もう1人アルバイト追加しますというのは、変動費の人件費だ。

いまお話ししてきたことをグラフで表すと、左の図のようになる。

このグラフは**縦軸が金額。横軸が数量**になっている。何の数字をとるかも重要なのだが、ここでは、顧客数としよう。顧客数が増えると、売上も増えていく。

グラフを見ると、人数が増えようが増えまいが変わらない固定費と、お客さんが増えれば増えるほど必要になってくる変動費がある。

そして、売上を表す**売上曲線**（グラフでは直線だが）。

これを見るとわかるように、最初は、売上がコストに届かず、赤字。そして、ある程度売上が上がったところで、ようやく黒字になる。

この赤字から黒字に転換するポイントのことを、**損益分岐点、Break even point** というわけだ。

図表4

BEP　損益分岐点

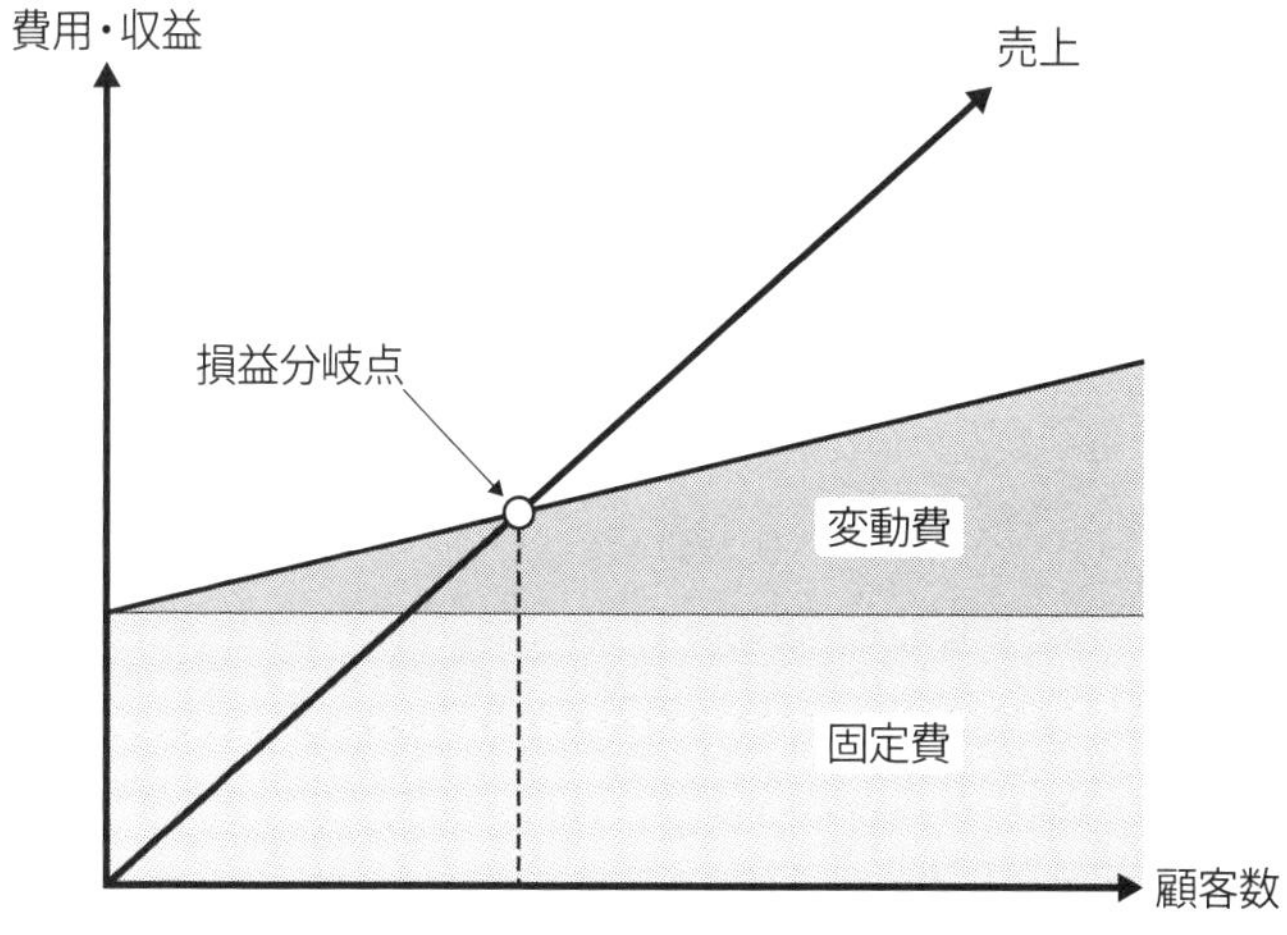

こんなこと、いまは知らなくても、と思うかもしれないが、等身大の、**いい着眼とは、儲かるビジネスでないといけない**。儲かるようなビジネスモデルにしないといけないからだ。そのためにも損益分岐点の構造は理解しておいたほうがいいだろう。

さて、居酒屋の売上曲線だが、実際にはこんなにきれいにまっすぐには伸びていかないで、どこかで止まってしまう。なぜなら、フル稼働しているお店では、それ以上座る場所がないわけだから、客数は増えない。

売上を伸ばそうと思ったらできることはただ一つ、客単価を上げること。つまり、たとえば1人あたり３０００円使ってくれているのを、３５００円にするしかない。そのための努力をする。

といってもそれにも限界はある。お客さんの懐具合はだいたい決まっているからだ。となると、もともと固定費の対売上比率が小さくてすむビジネスモデルを考えるしかない。たとえば、もっと小さいお店でお客さんの回転を上げることを考える。時間単価を上げるんだ。すると、利益率が、15％とか20％とかになったりする。

もともとこれを狙っているのが、ラーメン屋だ。ラーメン屋には、売上曲線が結構伸びる可能性がある。なぜなら、稼働率が高いから。

1時間の間、居酒屋を開いたら、たとえ50席が全部埋まっていたとしても、1時間は動かない。仮に客単価3000円だったら、3000×50＝150000円。そこで売上決定だ。

では、ラーメン屋はどうだ。1杯1000円、客席は6席とする。そして、1人あたりの平均滞在時間を10分とする。

すると、フル稼働の場合、6席が6回転するから、1000×36＝36000円となる。利益率は10％どころではないはずだ。

着眼するときには、一応頭の中で、そのビジネスはどういう儲けの仕組みになっているかという、このくらいのイメージは持てるようにしておきたい。

今度は、弁当屋を例に、原価率の高いビジネスモデルについて見てみよう。

たとえば500円のコンビニ弁当の原価がどのくらいか、知っている？　だいたい250円くらい。コンビニへ卸している弁当屋の売上を思うと、悲しいくらい低い利益率だろう。利幅を広げるには、1000円くらいの高級弁当にするか、利幅は小さいまま大量に売りさばくしかない。

後者の方法で成功しているのが、東京の玉子屋だ。

一食税込み500円の日替わり弁当4万個を、毎日、企業や学校、病院に配達している（コロナ禍前までは、250円だった）。弁当の場合、もともとの原価率が高い上に、売れ残りの破棄分までそこに上乗せされるから、余計に原価率が高くなってしまうんだけれど、玉子屋では、予め月契約、年間契約のところが中心だから、その分のロスは少ない。

メニューも、日替わり定食中心だから、コンビニ弁当のように、何種類もつくる必要がない。同じものを大量につくればいい。

普通は儲からないとされる商売に、儲かる仕組みを考える。いい着眼だ。

さらに、玉子屋が原価を下げるためにやっているのが、食材に、圧倒的に安い直接仕入れルートの肉や魚を使うことと、規格外野菜を使うこと。味は全く変わらないのに、形が悪いだけで捨てられている野菜を安く引き取って使っている。

実は、これと同じように、有機野菜などの規格外野菜ばかりを買い上げて、逆にそれを価格を下げないまま、レシピ付きキットなど、さまざまな工夫でブランド化し、家庭に宅配する仕組みで成功しているのが、オイシックスだ。名前ぐらい聞いたことがあるかもしれない。マザーズを経て、現在、東京証券取引所プライム市場に上場している。

創業社長の高島宏平氏は、東大工学部出身で、マッキンゼーのわたしの後輩でもある。現在50歳だが、創業したのは27歳のとき。マッキンゼー出身者で成功したアントレプレナーの一人だ。実は、起業するとき、わたしのところに相談に来た。わたしはそのとき、おまえ、農業なんて知ってるのかと、ボコボコにツッコミを入れたらしい。その悔しさをバネにがんばりました、と後に彼に言われたときは冷や汗をかいたものだ。

KEY POINT

着眼力

好奇心を着眼に結びつけるのは、
気になったら、すぐに現地に飛んで、
現場で体験する行動力。

儲けの仕組み

いい着眼とは、儲かるビジネス。
儲かるとは、信者を集めるということ。

いい着眼のために

居酒屋、弁当屋、ラーメン屋、高級ブランド……
常に、このビジネスの儲けの仕組みは？　と考え、
調べる。想像する。

いかに儲けるか

普通は儲からないビジネスに、
儲かる仕組みを考える。
１％の着眼にこだわる。

第5講

着眼の技法

現場・現実・現物の三現主義

本講では、起業のための「着眼・突入・徹底」を少し違う側面からとらえてみよう。起業には、三つの重要なポイントがある。次の三つだ。

❶三現主義
❷WHO・WHAT・HOWの三軸で考える
❸バリュー(パフォーマンス/コスト)

最初の**三現主義**からお話ししよう。
三現主義の「現」とは、**「現場」「現実」「現物」**の三つの「現」だ。

まず、**現場**。徹底して現場に通って情報を集める。
そして、**現実**を見る。実際に何が起こっているのかを見る。
そして、**現物**と接点を持つ。現物に直に触れる。体験する。

たとえば、コロナ禍の前、タピオカが流行った。インスタを見ると、友だちがみんなあげているし、ニュースでもやっている。街を歩いていてもあちこちでタピオカの店の行列ができている。

以上の情報から、「タピオカが流行っているよ」と偉そうに語るとしたら、それは、ChatGPT情報の受け売りか、アントレプレナーシップゼロの人だ。少しでもアントレプレナーシップのある人なら、誰よりも先に現場（流行っていると評判の店）に、現物を手に入れに行く。そして、行列に並び、どんなお客さんが来ているのかを観察し、実際に、全集中で味わう。

そして、自分もタピオカの店を開きたいと思ったら、五軒、六軒、七軒と、何軒も回る。連日はしごする。そしてああでもないこうでもないと評価する。一店舗だけでは判断しない。

実は、わたしもそれよりもずっと以前、タピオカの店を日本に持ち込もうとしたことがある。台湾では、普通に根付いている商売なので、日本でも行けるんじゃないかと思って。けれども、1992年、2008年、2018年以降と何度かブームを迎えるものの（諸説あるが）、なかなか定着していかない。だから、直近の第三次ブームについても、なぜあんなに急にヒットしたのか、誰にもわからない。ヒットとはそういうものかもしれない。タピオカの場合は、急速に流行しただけでなく、ブームが収束するのも早かった。

一時的なブームに終わらず、大衆化する商品もある。大衆化というのは、食べ物なら、多くの人が、日常生活で週に一度か二度は食べたくなる状態になることだ。たとえば、ハンバーガーがそれにあたる。マクドナルドが日本ではじめて銀座に現れたとき、わたしも行った。まだ中学生になったばかり。その一年前、小学六年生のときに大阪万博のアメリカ館に潜り込んで月の石を見たついでに、そのはしりを食べた。はっきり言って、何だ、これ、と思った。でも、おいしかった。で、定着した。ミスタードーナツもそう。定着した。大衆化したんだ。

WHO・WHAT・HOWの三軸で考える

起業に重要な三つのポイントの二番目は、**WHO・WHAT・HOW**の三つの軸だ。

まず、WHO、顧客だ。この商品・サービスは、誰に売るのか？　ということだ。これは、着眼・突入・徹底の「突入」で重要なポイントだ。要するに**突入とは、顧客を見つけること**なんだ。

このWHOのことをマーケティングの世界では**ペルソナ**と呼ぶ。

「あなたの商品、サービスのペルソナは誰ですか？」と。

次に、**WHAT**だ。起業するということは、誰かに何かを提供することだから、何を提供するのか、というWHATがないといけないのは言うまでもない。このWHATは、具体的な商品・サービスそのものというより、その商品・サービスを通じて提供したい「価値」のことだ。

そして、その具体的な商品・サービスを、**どのように提供するか、という方法論が、HOW**にあたる。

「そのペルソナに対して、どんな価値を提供しようと思っているんですか？」

「その価値をどのように届けようとしているんですか？」

起業して新しいビジネスをつくっていくということはすなわち、この**WHO・WHAT・HOWの三軸で考える**ということだ。

もちろん、その前にWHYはある。なぜ起業するのかというビジョンへの問いに対する答えがあってからの三軸だ。

そして、このWHAT・HOWを合わせたものや仕掛けが、**ビジネスの世界では一般に、ビジネスモデルと呼ばれている。**

わたしもベンチャーキャピタルとして投資を判断する際、「ちょっとビジネスモデルの考え方、聞かせて」とか「ビジネスモデルを図示してください」というふうに日常的に使っている言葉だ。通常のビジネスにおいても、よく使われている。

「ビジネスモデル」とは、「WHAT＋HOW」または「WHAT×HOW」。

つまり、どんな価値を、どのように届けるか、体験してもらうのか、というのがビジネスモデルだ。

さらに言うと、**ここにマネタイズモデルが加わる。**そう、わかるよね。Moneyをつくる。どうやってお金にするのか、だ。

広義のビジネスモデルでは、このマネタイズモデルも含めて、**「どんな価値を、どのようにつくり、業務をうまくまわし、どうやって稼ぎながら、提供するんですか？」**

を示す。

以上は、ビジネスモデルの非常に大雑把なとらえ方だ。後に、例を挙げながら、繰り返し説明していくことになるので、いまは、

ＷＨＯ・ＷＨＡＴ・ＨＯＷの三軸があり、このうち、ＷＨＡＴ・ＨＯＷが最初のビジネスモデルである。そこにお金の儲け方を組み合わせると、ビジネスモデルの全体像が成立する。

と、こういうふうにとらえていればいいだろう。ビジネスピッチなどで、ビジネスの内容を伝える際にも、この要素が基本となる。

図表5

ビジネスモデル

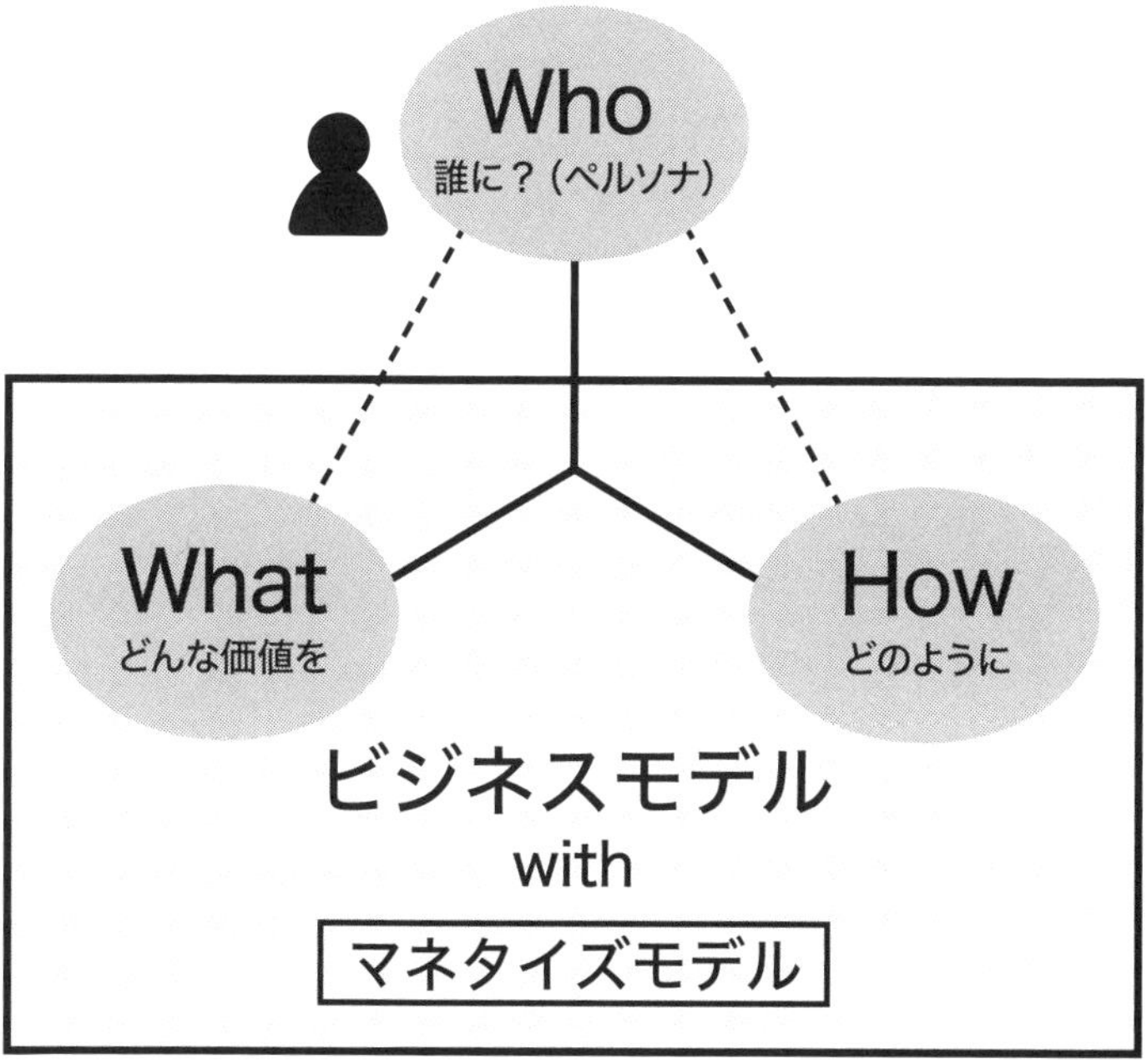

バリュー（パフォーマンス／コスト）↗

三つのポイントの最後は、**バリュー**だ。これはもう絶対頭の中に叩き込んでいかなければいけない。

バリューとは何か？　といったら、狭義には、**WHO・WHAT・HOWのうちの、WHAT**にあたる。広義にはこれに、**＋×HOW**も加味する。

たとえばAmazonで言えば、翌日配達という届け方自体、価値がある。**どのようにというHOWの部分も完全に価値の一つとなっている。**

となると、**WHATに、価値のHOWも取り込んだビジネスモデル**に価値があるととらえてもらってさしつかえない。つまり、**ビジネスモデルが生み出すものがバリュ**

ーだ、ということになる。

つまり、ここで注目すべきはＷＨＯとの関係なんだ。**バリューだ！　って認識するのは、お客さん**だからだ。ペルソナのお客さんにバリューを納得してもらわなければ、起業は絶対うまくいかない。

起業に向けてビジネスを着眼するとき、最も基本的な公式は、**お客さんから見たとき、バリューはパフォーマンスをコストで割ったものだ**。

バリュー＝パフォーマンス／コスト

式で表せば、こういうことだ。

非常に単純に見えるだろうが、すごく大切なバリューに着眼する公式、着眼力を最大化する公式だ。

お客さんに喜んでもらう価値をどうしたいのか？　といったら、要するに、価値を高めたい。

価値を高めることによって、商売を成り立たせるわけだ。

では、価値を高めるというのは、どういうことか？

この公式のバリューの値を大きくする、ということだ。

それには、**分子のパフォーマンスを大きくする**か、**分母のコストを小さくする**しかない。

ここでくれぐれも忘れないように。**パフォーマンスはお客さんから見たその商品やサービスの「振る舞い」、コストはお客さんが払う「お金やその他のコスト」**だ。

たとえば、ミスドのドーナッツなら、ドーナッツの価値が高いというふうにペルソナであるお客さんがとらえるとき、どう見ているか。

まず、ほとんどの人が、ドーナッツとしてのおいしさを求めるだろう。そして、おいしければいいんじゃないの？　と考える。おいしいってことは、これパフォーマンスがいい、高いってこと。

でも、そのうち、いや、おいしいだけじゃだめだろうということになる。いつもオーソドックスなドーナッツも飽きちゃうから、いろいろな種類のドーナッツ、いろいろな味のドーナッツを用意するのはどうか、となるわけだ。いろんな種類が揃ったミスド、これはパフォーマンスが大きいってこと。

これらは、バリューの公式の、分子のパフォーマンスを大きくする発想だ。バリューを上げようと思ったときに、たいていの人が最初にやるのは、この分子に働きかける方法、パフォーマンスを上げる方法だ。要するに、**パフォーマンスが高く大きい、とても魅力的で感動的なインパクトを出す工夫をする。**

ドーナッツで言えば、クリスピー・クリーム・ドーナツがこれにあたる。ミスタードーナツなら120円ぐらいで食べられるドーナッツを、クリスピーは平気で250円とか300円で食べさせる。本場アメリカの本格的なドーナッツが食べられる！ということに、お客さんはワクワクする魅力を感じるはずだからと。公式の分母のコストを倍にしても、分子をもっともっと大きくするわけだ。

クリスマスに凝りに凝ったケーキを高く売ったり、10万円以上もするおせち料理を出しても、飛ぶように売れるのも基本は同じだ。お客さんが支払うコスト（まずは値段）も、確かに普段のケーキや料理より高い。軽く2倍は超えるかもしれない。けれども、パフォーマンスをもっともっと大きくすれば、バリューは3倍にすることもできる。

年に一度の特別な日に、あのパティシエの特別なケーキ、あの名店の特別なおせちを食べているわたしたち！　というかけがえのない体験に感動する（というパフォーマンスを得られる）から、お客さんはその価値に納得して、高いケーキやおせちを予約するわけだ。

一方、もっぱら分母のコストを小さくすることで、バリューを上げる方法もある。

たとえば、お客さんが望む分子のパフォーマンスのレベルはキープしつつ、分母の、お客さんに負担してもらうコストを下げるわけだ。全く同じパフォーマンスだったら、少しでも安いほうがお買い得感がある、つまり、バリューが高いと感じるだろう？

この分母のコストだが、お客さんが支払う値段、キャッシュだけではない。お客さんがその**パフォーマンスを得るために費やす時間もコスト**だ。たとえば、ジーンズを手に入れるのにお店に行って選んで買って持ち帰る時間と、スマホで注文し自宅に届くのに要する時間の差は大きい。当然、スマホならばコストは大きく下がる。ほかにも、**メンタルコスト**というのもある。それを手に入れるのに、精神的に疲れるならば、それはコストが大きい、楽しく手に入るのならば、コストは小さいというわけだ。

このように、**バリューの上げ方には、コストとパフォーマンスの組み合わせによって、いろいろなテクニックがある。**重要なのは、この単純な公式を頭に叩き込んでいることだ。そうすれば、とりあえず目の前にあるビジネスチャンスをとらえ、より良くすることはできるはずだ。

簡単だろう？

わたしもいまでも、常にこの公式に戻って原理原則を考える。商品、サービスだけではない。人を使うときにも同じだ。パフォーマンスが同じなら、給料は安い人のほうがいい。正社員よりバイトのほうが雇用している側から見ればバリューが上がる。お叱りを受けるかもしれないが、現実はそう考える。

しかし、未来から見た大きなベンチャーをやろうよという場合、単純に、バリューの高いヒット商品を狙えばいいというものじゃない。それでは文字どおり、タピオカみたいにただの一瞬のヒット商品に終わってしまう。フーテンの寅さんもやっていた！　古いか。

実は、この意味では、ヒット商品戦略とベンチャー戦略は、似て非なるものだ。大きな社会課題や生活イノベーションに挑戦をする未来機会をとらえる。それでロングランのヒットを狙う。やはりそれがベンチャーであり、きみには、そういうベンチャーを目指してほしい。

図表6

バリューの公式

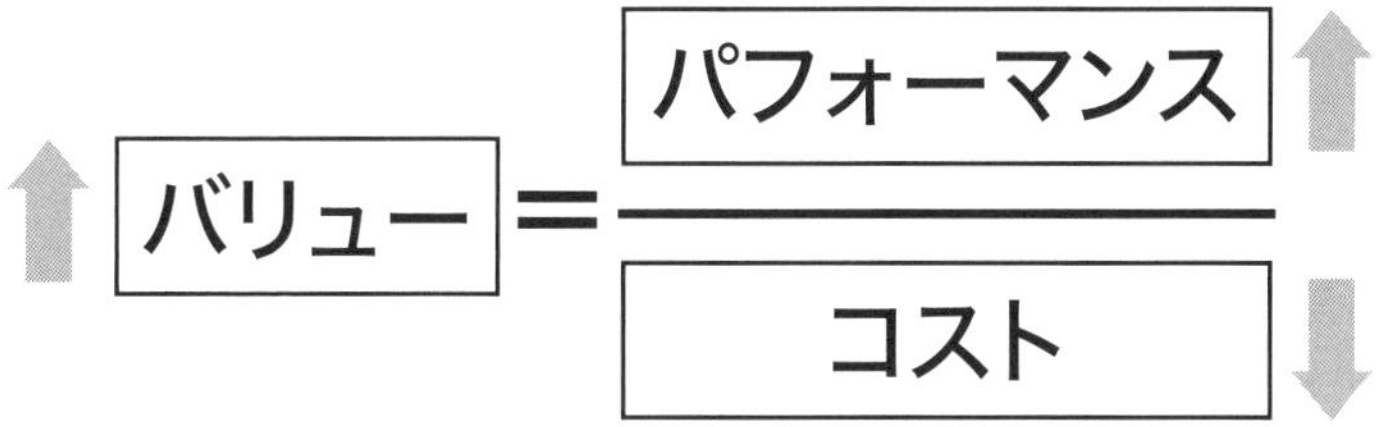

ヒット商品番付で着眼の演習を

毎年、年末になると、その年のヒット商品のランキングがさまざまな媒体から発表される。有名なのは日経ＭＪが発表する「ヒット商品番付」だろう。これには、商品だけでなく、頻出したワードも含まれる。たとえば２０２２年は、左のようだった。

わたしは30年以上、毎年、これを追いかけている。なぜこの商品が売れたかを考えるためだ。これはすぐに廃《すた》れるポッと出の単なる一過性のヒット商品だなとか、これはこれからまだ行くぞとか、あるいはこれって、もしかしたら5年先、10年先に化けるぞとか。この5年先、10年先に化けるものを「着眼」できるかどうかが、アントレプレナーシップの勝負だ。

図表7

2022年ヒット商品番付

東		西
コスパ&タイパ	横綱	#3年ぶり
サッカーW杯 日本代表	大関	ヤクルト本社 「ヤクルト1000/Y1000」
ポケットモンスター スカーレット・バイオレット	関脇	ジブリパーク
ワンピース フィルム レッド	小結	トップガン マーヴェリック
ガチャ旅	前頭	ちいかわ
SHEIN（シーイン）	同	ユニクロ 「タックワイドパンツ」
日産自動車「サクラ」	同	サイエンス 「ミラブルzero」
月見バーガー商戦	同	カヌレ
スパイファミリー	同	silent
⋮		⋮

日経MJアーカイブより編集部作図

たとえば、2015年の番付に「ドローン」があったが、それを見て、すぐにこれは戦争を変えるな、と思った。案の定、2019年にはサウジアラビアの石油基地がドローンで攻撃され、いまやロシアのウクライナ侵攻においても頻繁に用いられている。悲しいことだが。

では、コロナ禍前の2019年の番付を見てみよう。西の横綱は、「キャッシュレス」だった。いま、日本でも、たとえばコンビニやタクシーで現金払いしているのは、高齢層ばかりだと言われるくらいだ。ウーバーイーツも、かつての出前の復活とも言え、巣ごもり需要の消えたいまも、根付きつつある。

しかし、大関だった「タピオカ」はどうか？　ハンディファンは？　バスチーは？

この表には載っていないが、11位以下のランキングに並んだ言葉に、「ダイナミックプライシング」があった。これは、要するに、消費者の需要と供給を考慮して、商品やサービスの価格を変動させる手法で、これ自体は、昔からあった。連休やお正月になると、飛行機代やホテル代が高くなったり、閑散期には半額以下になったり、あ

図表8

2019年ヒット商品番付

東		西
ラグビーW杯	横綱	キャッシュレス
令和	大関	タピオカ
天気の子	関脇	ドラクエウォーク
ウーバーイーツ	小結	サントリー「こだわり酒場のレモンサワー」
ライオン「ルックプラスバスタブクレンジング」	前頭	任天堂「ニンテンドースイッチライト」
渋谷スクランブルスクエア	同	バスチー
ハンディファン	同	鬼滅の刃
渋野日向子	同	八村塁
⋮		⋮

日経MJアーカイブより編集部作図

るいは、新幹線の早割等々。

これに対し、いま起きようとしているのは、ＡＩを用いて、一人ひとり、この人に最も適正な価格はいくらかというのが瞬時にはじき出されるという仕組みだ。同じ商品をAmazonや楽天で買うとして、人によって、時刻によって出てくる金額の表示が違うということだ。

２０１９年に話題になってから４年後のいま、需要と供給に応じて価格を変動させる仕組みは、さまざまな業界に広がってきている。

実は、世界で「定価」という販売方式をはじめて始めたのは、江戸時代の呉服店の「三井越後屋」だった。そう、いまの三越百貨店の前身だ。３００年以上前のそれは、当時の革命だった。不透明な価格を定価というみんなが平等に思う仕組みで陳列して売る手法だ。江戸時代のまさに、アントレプレナー三井高利の着眼だった。

それがいま、また、その前の方式に変わろうとしている。越後屋の前までは、お客が店に入っても商品は並んでいない。希望を言うと店員が見繕って奥から出してくる。商人が大名などの屋敷まで反物を持って参上する。そこから値段の交渉が始まる。値段はその時とその相手によって異なるという具合だった。そうした文字どおり個別対応の取引が、ＡＩとネットによって、いま再び可能になってきた、と言える。当時は50人相手が限界だったが、いまは10億人相手であっても、なんの問題もない。

同じく番外の２０１９年のヒットで、もう一つわたしが注目したのは、樹木希林さんの書籍『一切成り行き』のヒットだった。それは、彼女の死後、家族によって提供された資料に基づく、言わば名言集だったが、わたしはそこに、今後の「終活」市場の広がりを見た。65歳、70歳を超える、いわゆる年金生活世代のマーケットは非常に大きい。これからもしばらく拡大し続ける。日本に限らず、お隣の中国もこれから高齢化社会を迎える。どれだけのビジネスチャンスがあるか、計り知れない。

単に、「樹木希林さんの本が売れている、へー」って思うのではなくて、「たくさんの中高年の人たちが、これからをどう生きるか、どう死ぬかってことを考え始める時代になった。そこには、いままではなかった、いろいろなビジネスチャンスがあるはずだ」と、気づいて欲しい。若いきみには、具体的なビジネスモデルをイメージすることはまだできなくてもいいが。

次に、さらに一昔前の2014年までさかのぼって振り返ってみよう。

ここに、この10年でビジネスチャンスが広がった「インバウンド消費」がある。いまから10年近く前に首をもたげ、着眼したアントレプレナーの連中がこの市場に仕掛けを始めた。需要は、供給者側の多くの仕掛けに刺激されて、大きくなることがよくある。インバウンドの市場はまさにこういうからくりの典型だ。国家戦略にまで訪日外国人政策が組み込まれてきたのは、きみも知っているだろう？

気にかけておくべきは「アナと雪の女王」かもしれない。言わずと知れたディズニーの大ヒット映画だが、この映画のストーリーの組み立て自体が、大いなる着眼だ。

伝統的なディズニー映画は、白馬に乗った王子様が庶民の女性を妃にする、玉の輿《こし》が女性の最高の幸福とされた時代の夢物語だったが、このアナ雪は違った。王子様なんていない、男どもは頼りにならない、大事なのは姉妹の信頼と愛だ！　というメッセージ。

図表9

2014年ヒット商品番付

東		西
インバウンド消費	横綱	妖怪ウォッチ
アナと雪の女王	大関	ハリー・ポッターinUSJ
錦織圭	張出大関	羽生結弦
格安スマホ	関脇	iPhone6
デミオ（マツダ）	小結	ハスラー（スズキ）
Wゼロ	前頭	Wトクホ
NISA	同	ふるさと納税
牛すき鍋膳	同	サードウエーブコーヒー
ちょい飲み	同	遺伝子検査
⋮		⋮

日経MJアーカイブより編集部作図

強く生きる決意をする女性に、レリゴー、レリゴー(Let it go!)と合唱させた。世界中の小中学生の年頃の女の子たちが熱狂したんだ。

これって、何か意味するよね? そう、この子たちが10年後、20年後、消費者のパワー世代に成長したとき、生活の価値観や物事に対する選択の姿勢が変わると見ていいだろう。行動の変容が起きるかもしれないという見立てをわたしはしている。

さあ、どうなるだろう?

こんなふうに着眼するのが、アントレプレナーシップだ。アントレプレナーの鋭敏な嗅覚だ。

さて、単なるヒット商品に終わるものは? ロングランで進化、発展を続けるのは?

大きなイノベーションに繋がるものは?

もう一度、2022年の番付を見直してみよう。きみは何に着眼するか?

人間の最大の資質

このように過去のヒット商品を振り返って見てみると、ただの一時的なヒット商品で終わるものと未来を先取りしているもの、つまり、未来の事業機会をとらえる可能性につながりそうな現象というものに分かれることがわかる。

後者に気づいて、この未来機会をとらえるのが、アントレプレナーシップだ。

大きな未来から遡って、いま何を仕掛けるべきかを考えるとき、実はヒントは目の前に存在している。たとえばヒットしているものを細かく見ていくと、その中に、未来へのヒントが生まれていることがある。

ヒット商品番付は、アントレプレナーシップを磨くトレーニングに恰好の教材だ。

こんなふうに言うと、番付を見てみたけれど、何も思いつきません、わたしにはアントレプレナーシップはないみたいです、ぼくはアントレプレナーではないな、と思う人がいるかもしれない。

だから、ここで、はっきりさせておく。

わたしたち全員にその能力はある。

なぜなら、アントレプレナーの着眼の力は、もともとすべての人間が持っている資質（タレント）だからだ。というか、**人類を人類たらしめている資質だからだ。**

その資質とは何か？

最初のほうですでに書いたのだが、ここでは、かのジョージ・W・ルーカス、スターウォーズのルーカス監督の言葉を借りよう。

いわく、**人間の最大の資質は好奇心である。**

つまり、すべての人たちに与えられている最高かつ最大の持って生まれた資質、タレントというのは、「好奇心」に集約されると彼は言っている。好奇心を持っていない人間など存在しないと。

確かに、誰もが赤ん坊の頃、子どもの頃は、好奇心を持っていた。あらゆるものに興味を持った。これ何？　あれ何だろう？　どうしてこうなるの？　なぜ？　と、お父さんお母さんを困らせたことだろう。

それが大人になるにつれて、なぜか、その好奇心を捨てていく。世の中で言われている常識、お父さん、お母さんの常識にしたがっていく。

でも、心配しなくてもいい。捨てたつもりでも、実はなくなっていない。「ゴミ箱を空にする」を押さない限り（そんなものないから押せない！）、それはずっとそこにある。表面には見えていないだけで。だって、人類に等しく与えられたギフトだから。

ちょっと勇気を出して、人の常識、人のつくったルールに則《のっと》るのではなく、自分の好奇心をベースに判断してみる。最初は小さなことでいい。今日、どこへ行くか、何を書くか。それから少しずつ、大きくしていく。要するに、習慣だから。

自分で自分の好奇心にしたがって、さまざまなことを選択するというのも、習慣だ。習って慣れていけば、だんだん大きなことも選択できるようになる。進路について、専攻学部について、仕事について。

この好奇心がアントレプレナーシップに繋がる。

好奇心があることで、ソウゾウ力が高まるからだ。**イマジネーションの想像力と、クリエーションの創造力の二つのソウゾウ力**が発揮される。**ダブルのソウゾウ力が全開すれば、生きていることが、世の中が、めちゃくちゃ面白くて仕方がなくなる。**

次講は、想像力を使って、事業機会を見つけていくときの基本的なフレームワークについてお話ししよう。

KEY POINT

起業の三つのポイント

①三現主義
②WHO・WHAT・HOWの三軸で考える
③バリュー（=パフォーマンス／コスト）

三現主義

①現場（現場に通って情報収集）
②現実（実際に何が起こっているか？）
③現物（直に触れる。体験する）

WHO・WHAT・HOW

その商品・サービスのペルソナは誰か？
そのペルソナに
どんな価値を提供しようとしているのか？
その価値をどのように届けようとしているのか？

バリュー

バリュー＝（お客さんが得る）パフォーマンス
／（お客さんが支払う）コスト
価値を高めるとは、この公式の値を大きくすること。

着眼の演習

毎年のヒット商品番付から、未来を予測する。
過去のヒット商品番付から、
イノベーションに繋がる本質を探る。

第6講

事業機会が潜む三つの「間」

ここまでの復習

この授業も、そろそろ中盤に入ってきたので、このあたりで、ざっとこれまでの復習をしておこう。

まず、ベンチャーとこれまでの中小零細企業との違いから見た、ベンチャーに不可欠なこととして、**「大きな志」**と**「挑戦」**、そして**「成長意欲」**をあげた。ベンチャーという言葉が、まさに冒険だからだ。それがアントレプレナーシップだってことも。

それから、起業の全体のイメージをつかんでもらうために、どんなふうにスタートアップし、IPOしていくのかという、ベンチャーのライフサイクルについてもお話しした。その過程で、起こりがちな危機についても。

さらに、ベンチャーの中心人物であるアントレプレナー、起業家の要件ってなんだろう？　と考えたとき、**「人格」の面と、その人が描く「ビジョン」の二つがある**ということもお話しした。

まだ海のものとも山のものとも知れない状態で投資をするエンジェル投資家は、まず、この二つを見る。そして本書では、このうち、ビジョンからビジネスモデルの組み立てまでを中心に扱う。

ビジョンには、鳥の目で見るような大きなものから、等身大のもの、アリの目で見る細やかなものまである。人類とか地球の未来といった、大きな社会課題に取り組みます、というような理想やビジョンもいい。けれども、実際にはじめて企業を立ち上げるときには、必ずしもそういう大きな理想や課題への取り組みがなければいけないわけではない。

高校生なら高校生ならではの、大学生なら大学生ならではの、等身大の目で見た、身近な社会課題、疑問に思っていることや不満に感じていることなどの身の回りの課題に着眼して、それを解決していくために何ができるか、つまり、事業機会を見つけていくのも立派なビジョンの一つだ。つまり、**ビジョンの動詞が、「事業機会への着眼」である**、という話もした。

身の回りの課題として、いちばんわかりやすいであろう飲食や物販から入るのがいいのだけれど、それでも儲からなければ話にならない。そこで、どうやって稼ぐのか、パフォーマンスを上げ、コストを下げる工夫の例とか、どういう事業機会に着目すると面白いか、という話もしてきた。

そこで、バリューを考えるのが重要なんだけれど、**バリューとはあくまでも顧客にとってのバリュー（価値）である**こと、目先のバリューではなくて、未来に向けてどんな可能性があるのか、そういう事業機会への着眼が大事だ、という話もした。

では、ビジョンの動詞である事業機会の**「着眼」**のために必要な起業家の能力って何だったか、覚えているだろうか？　そもそも特別な能力がいるんだったっけ？

実際のところ、自分は起業家に向いていないなと思っている人も少なくないかもしれないけれど、全然そんなことはない。

起業家に必要な能力というのは、誰しも、人間として、持って生まれている能力。

そう、**好奇心**だからだ。


ところが、誰もが子どもの頃は普通に持っているのに、なぜか大人になるにつれて、徐々に好奇心を失ってしまう。

ひょっとしたら、すでに最近新しいことに興味ないな、と感じている人もいるかもしれない。けれども、それはまずい。かなりの老化現象！　いまからそれでは、10年、20年経ったら、いてもいなくてもいい、不要な人間になってしまう。

どうか、いまのうちに、もう一度あの子どもの頃を思い出して。ピュアな好奇心を取り戻してほしい。

そのために必要なのは、二つのソウゾウ力、想像力と創造力だっていう話もした。


では、具体的にはどうするか？　起業の挑戦は、**「着眼・突入・徹底」**という**「事業化、起業家の三原則」**をしっかり覚えて、やってみることになる、と。

さらには、**WHO・WHAT・HOW、プラス、マネタイズで、ビジネスモデルを組み立てる**、という話もした。

目の前のいまに取り組む課題に**着眼**し、**突入**してお客さんにまずは実際に問いかけ、フィードバックを受けたことを業務プロセス、つまりは**徹底**したビジネスモデルに仕上げてバリューを提供しようよ、ということだ。

以上、ざっと復習だ。特に後半の部分を少し丁寧にレビューした。

いずれにしても、いまのきみに必要なのは、第一に、**経験**。できるだけたくさんの経験をする。リアルな体験がいいのだが、映画や本を通じたバーチャルな経験でもいい。想像力を働かせてバーチャルをリアルにイメージして経験する。

たとえば、洋画。この地球上には80億の人間がいて、それぞれがいろいろな人生を歩んでいる。いろいろな価値観を持っている人がいる。映画や小説にできるだけ没入して、そういう人になりきる経験が、イマジネーションに繋がる。

さらにもう一つ必要なのは、**妄想**だ。誇大妄想狂になれ、ということだ。

わたしは多くの起業家とお付き合いがあるが、みんな、それぞれユニークな変人だ。変なやつばかり。で、共通しているのが、誇大妄想狂だということ。できるかどうかわからないんだけど、常に大きなことを言っている。そしてやっている。

だから、もしもきみが、好奇心は十分あると。どちらかというと、ありすぎちゃって誇大妄想狂のケがあると周囲から心配されているのだとしたら、そのあなたに言いたい。ぜひ、それを押さえつけないで、どんどん伸ばしていってくださいと。心配する必要は全然ない。

というわけで、この講では、「事業機会」を見つけていく具体的なフレームワークを伝授しながら、そこに二つの「ソウゾウ力」と「好奇心」がどのように働いているかを実感していただこう。

三つの「間」に事業機会を見つける

想像力が高まれば、自然に好奇心も高まる。ともに、第2講でお話ししたスタートアップ、ベンチャーの最初のステージの「シード」を見つけるのに必要な資質だ。資質と言ってもそれは誰にでもあるものなので、基本的な方法論を知っていれば、目覚める。自然に磨かれる。というか、発揮していくことができる。

わたしがお薦めするのは、**三つの間を見る**ことだ。

三つの間?

どういう間かというと、時間、空間、人間(ジンカン)だ。

時間の間。空間の間。人間の間。

図表10

事業機会は三つの「間」に

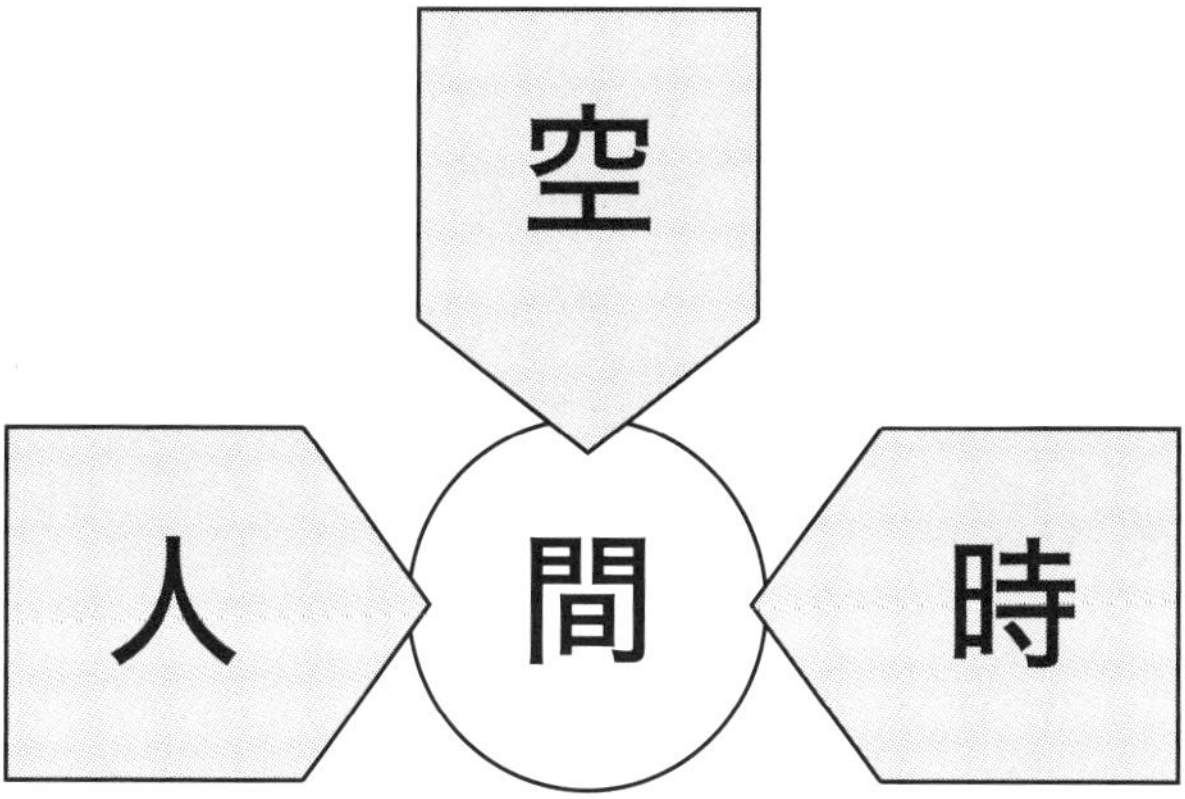

©Satoshi Koga 2023

この「間」に、着目をする、注目をする、着眼をする。

つまり、事業機会を見つけ出す。

人間と人間の「間」を繋ぐ

では、まず、「人の間」を見てみよう。

人と人の間（ジンカン）に、どんな事業機会が転がっているか？

すぐ気がつくはずだ。日頃から、きみもきっとお世話になっているTwitter（いまはXになってしまったようだが）、インスタ、TikTok、LINE、Facebook……。

これらが、なぜ、こんなに大きなビジネスになっているのかといったら、人と人の間を繋ぐビジネスだから。つまり人と人の間には永遠に埋めることができない間、ずれやギャップやひずみや格差など、があるってことだ。

ソーシャルネットワーク・サービス、つまり、SNSと呼ばれているけれど、人と人の間をつなぐビジネス自体は、実はいまに始まったことではない。インターネットがない時代も、みんな電話を通じてその間を埋めようとした。それこそ、わたしの子どもの頃は黒電話しかなかったので、黒電話を通じて、有線で繋がっていた。

つまり、**人と人が間を埋めようとして連絡を取り合う、ここに大きな事業機会**があって、電電公社（日本電信電話公社）というパブリック・サービスの会社がそれを行っていた。

莫大な設備投資が必要なので、国にしかできなかったからなんだが、最初の投資を回収し儲かるようになってからは、民営化し、きみもよく知るＮＴＴとなった。

一説には人類の最も古いジンカンの事業機会は男女間だという。互いに永遠にわかりあえないずれやギャップがある。これを埋めようとする、解決するためのあらゆる方法、それがプロダクトやサービスとなって新しいビジネスを生んできたのだ。

ジンカンと言えば争い事もある。解決のために、弁護士の仕事がある。訴訟関連の仕事もある。喧嘩が戦争に発展すれば、武器を売るビジネスも出てくる。もちろん、これは勘弁。なくてよいビジネスなんだが。

では、擬人的に考えてみる。企業を人ととらえると、企業と企業の間はどうか？たとえば、企業と企業がいっしょになることを、M&Aという。言葉は聞いたことがあるだろう。Mergers（合併）and Acquisitions（買収）の略だ。

で、そこに存在するのが、M&Aを仲介するビジネスだ。企業のことは、「法人」とも言うから、企業を人として扱えば、マッチングサービス、婚活サービスみたいなものだ、ということになる。オーナー系企業同士の場合なら、**オーナーとオーナーという人の間を繋ぐのが、企業間仲介ビジネスの仕事の実態**となっていることも少なくない。

ほかにも、たとえば、メルカリのようなフリマサイトはどうだろう？　不要品や中古品という商品を介してではあるが、これまでのように、「企業」が不要品を「個人」から買い取り、自分の店でほかの「個人」に売るという、ＢｔｏＣ（Business to Consumer）ではなく、**「個人」同士の取引を仲介するＣｔｏＣ**（Consumer to Consumer）**のビジネス**。つまり、人と人の間にある需給のずれに事業機会を見つけたビジネスだ。

実は、メルカリが、前の講でお話しした商品番付に登場したのは、２０１７年のことだったが、それは、まさにその後、いろいろなＣｔｏＣのビジネスが主流になっていくことを告げていたんだ。

実際のモノではなく、個人のスキルの売買を仲介するのが、ココナラに代表されるスキルマーケットだ。設立は２０１２年で、２０２１年にマザーズ、現在の東証グロース市場に上場した。創業者の南章行さんは、投資ファンド、Ｍ＆Ａの会社を経て、このベンチャーを立ち上げた。人と人のスキルの格差の間に、いち早く目をつけたのだろう。

Facebookも、その誕生時を描いた映画『ソーシャル・ネットワーク』によれば、もともとは、創業者のザッカーバーグが、学生時代、自分を振った女子学生の動向を探るためにつくったということなので（それがどこまで正しいかはともかく）、きみも、自分自身の、こんなことができたらいいのに、という課題感や妄想から、人と人を繋ぐビジネスの事業機会を考えてみてほしい。高校生活、部活、教科学習、受験情報など、ニッチなところで、大人が気づいていない事業機会があるに違いない。

空間と空間の「間」を繋ぐ

次に、空と空、空間と空間を繋ぐビジネスを考えてみよう。

最初に思いつくのは、移動だろう。空間の移動。

歴史的に見れば、もともと人は歩き、そして、馬に乗り、馬車に乗り、列車に乗り、自動車に乗ってきた。

いま、トヨタ自動車は、自社を、単に自動車をつくるメーカーから、モビリティサービスの会社へと、その定義を変えている。そういう会社になるんだという宣言をしている。MaaS、サービスとしてのモビリティ。Mobility as a Serviceの略だ。

モビリティというのは、乗り物など人の移動に関する用語として使われ出している言葉で、自動車メーカーをはじめ、関連する企業を含めた自動車業界全体のことをモビリティ分野という。まさに空間と空間を繋ぐ未来進化形のサービスだ。

人は必ず移動するるし、Amazonだって最後は、物が移動して取引が完結する(Kindleなどデジタルコンテンツは空間克服するイメージだ)。移動には、常にビッグビジネスがともなう。自動車会社だけでなく、飛行機会社も、鉄道会社も、空間と空間を繋いで、人や物を運ぶところに事業機会が生まれている。

そうしたモビリティサービスを用いて生まれる観光ビジネスも、空間と空間を繋ぐビジネスだ。たとえば、HISも、1980年、格安航空券の販売から始まった旅行業界のベンチャーだ。

わたしも学生時代、当時マンションの一室で起業したばかりの澤田秀雄さんに、当時、買いたくても買えなかったインドへの格安航空券を手配してもらった。わたしのような空間を越えたい人の、旅行に伴うさまざまな課題に、次々に事業機会を見つけていったのだろう。

人の移動のいちばん大きいビジネスが、航空業界、鉄道業界、自動車業界、旅行業界だとすると、物の移動についてはどうか、と言えば、貿易だ。

貿易はどういうことで起きるかというと、足りないところに余っているところから届く。必要とされているが手に入らないところに、手に入るが必要とはしないところから、その物が移動する。つまり、需要と供給の関係で決まる。

たとえば、原油やレアメタルのように、自国の生存や産業のために必須だが、自国では十分にとれない、という安定した需要から成り立つ貿易ビジネスもあれば、お酒や嗜好品のように、人々の好み、流行によって需要が高まったり減少したりするものまである。

たとえば、南国のフルーツ。それらの存在を知ることによって需要が生まれた。昔はパイナップル、バナナ。最近で言うと、マンゴー。日本でもつくられているけれども、数が少ない。だから、南の国から、貿易という手段を通じて、日本にやってくる。

どうだろう、こういう空間移動を利用した特産品や特産物などの貿易だったら、まだまだ事業機会はありそうだ。

かつては、参入障壁だった通信手段(電子メールはもちろんファックスもなかった半世紀前までは、テレックスというものが使われていた)、移動(輸送)手段(とても高価な上に、税関等の手続きがやっかいだった)、決済手段(電子決済はもちろん、電子マネーもなかった時代は、銀行に専用口座を持つ必要があり、それがまたやっかいだった)は、インターネットの出現と規制緩和以来、一気にそのハードルが下がった。個人でも比較的簡単に輸出入のビジネスができるようになった。

海外で、日本にはまだ紹介されていない品物や農産物などを見つけたら、それを日本国内で販売する方法を考えてみる。逆に、日本人の誰もがまだ気づいていない、海外で人気を博する可能性のある日本の商品や産品を輸出する。

たとえば、日本のウイスキーや日本酒がこれほど世界で人気になったのはつい最近のことだ。アニメやコミックにしても、世界での日本のオタク文化は驚くほど人気だが、日本のコミックのキャラクターが広まるようになったのは、1987年、小学館の現地子会社が積極的に売り出しにかかったことがきっかけだった（フランスでは早くも1978年からmangaとして紹介され始めていたようだが）。

ともかく、**空間にはあらゆる事業機会が転がっている。**

この大きなたくさんの空間の間に、これは稼げるんじゃないの？　というものがまだまだ眠っている。

時間と時間の「間」を繋ぐ

時と時の間、時間の間。過去と現在と未来の間。これは、いろいろ考えつきそうだと思わないか!?

まず、過去と現在を繋ぐ事業機会、これだけでもいろいろある。単純なのは、歴史を観に行く観光ツアー、骨董品ビジネス。ゴッホやピカソなどの絵画が巨大なビジネスになるのは、彼らがすでに亡くなっている人たちだから。これから先、作品が増えることはないから。それが、事業機会になる。

次に、**未来と現在の間の事業機会。未来に起きそうなことと、現在起きていないこと、その間を繋ぐところの事業機会を見つけること。**これは最もわかりやすい、すべての新規事業の真骨頂だ。

つまり、未来に起きることを想定して、いまから仕掛ければ、ビジネスになって成功するし、未来に起きそうだと思ってやったんだけれども、未来に実際に起きなければビジネスとして失敗する。そういうことだ。

電話からインターネットになって、パソコンからスマホになっていく、ということを、「想像」できた人たちは、起業家として大成功したし、いや、みんなパソコンにとどまるだろうと、パソコンばかりつくっていた会社やパソコン周辺の機器やソフト開発の会社は、廃《すた》れていったわけだ。

古い話では、フィルムのカメラを高性能にすることに躍起になっていたメーカーが、デジタルカメラ、スマホのカメラに変わっていくだろう未来を想像することができなかったために消えていった。

まさかと思うかもしれないけれど、実際、そうやって何社も姿を消し、アメリカの会社が事業を撤退して、中国などのメーカーに身売りした例もある。

人間と人間の間、空間と空間の間、時間と時間の間の三つの「間」の中でも、**現在と未来の間にこそ、事業機会はとてつもなくたくさん潜んでいる。**

人間と人間の間、空間と空間の間の中に、掛け合わせるように、時間と時間の間を持ち込むと、事業機会がさらに広がり、どんどん見えてくるということだ。

たとえば、先ほどの歴史を観に行く観光ツアーを、未来からやってくるだろうメタバースの中で体験する、メタバースの中のSNSでイチオシ史跡情報をやりとりする、っていうのはどうだろう。

等身大のレベルで見てみると、**未来のなりたい自分といまの自分。この間にビジネスチャンスがある**わけだ。

たとえば、わかりやすい過去の成功例なら、ライザップがそうだ。ライザップは、現状の太っている自分、不格好な自分と、未来の、アスリート体型の自分という理想像、その「時」の間に事業機会を見つけた。ちなみに40万円近くという結構なフィーだ。

そんなビジネスが成り立つのかと思うかもしれないけれど、実は、教育だってそうだ。高校も大学も各種専門学校も、いまの自分と未来になりたい自分の間を、学びによって埋めていくビジネスだ。

未来のゴールとなる自分を想えば、お金を惜しむこともない。ましてやお父さんお母さんが愛する子どもの未来にかけるその想いは、ハンパない。

どうだろう、現在と未来を繋ぎながら考えると、ワクワクしないだろうか？　人間なら誰しも、未来に何かが待っていると期待したり、夢を見たり、希望を持つものだ。だから特に、**未来を想い、時間と時間を繋ぎながら考えると、最も推進力が持ち上がってくる。**未来のモビリティが、陸から空に拡張していくって考えただけで、なんだかドキドキ、ワクワクして、スタートアップに挑戦したくなるだろう？

四つのアプローチ

以上、これら三間から発想したすべてを、「時間・空間の視座」と「ビジネスモデル起点となる視点」を含めて、フレームワークに落とし込んでいくと、これからお話しする四つのアプローチの中に分類することができる。これは、ベンチャーに限らず、すべての新規事業開発なるものに取り組むためのアプローチと言っていい。次のページに、図で示したので、ご覧いただきたい。

人間（ジンカン）、空間、時間の三つの「間」でイマジネーションするときも、この四つのアプローチのうちのどのアプローチに繋がるかをイメージするかによって、創造するアイデアが変わってくる。ダブル・ソウゾウ力の賜物だ。どんどん創造していこう。

図表11

四つのアプローチ

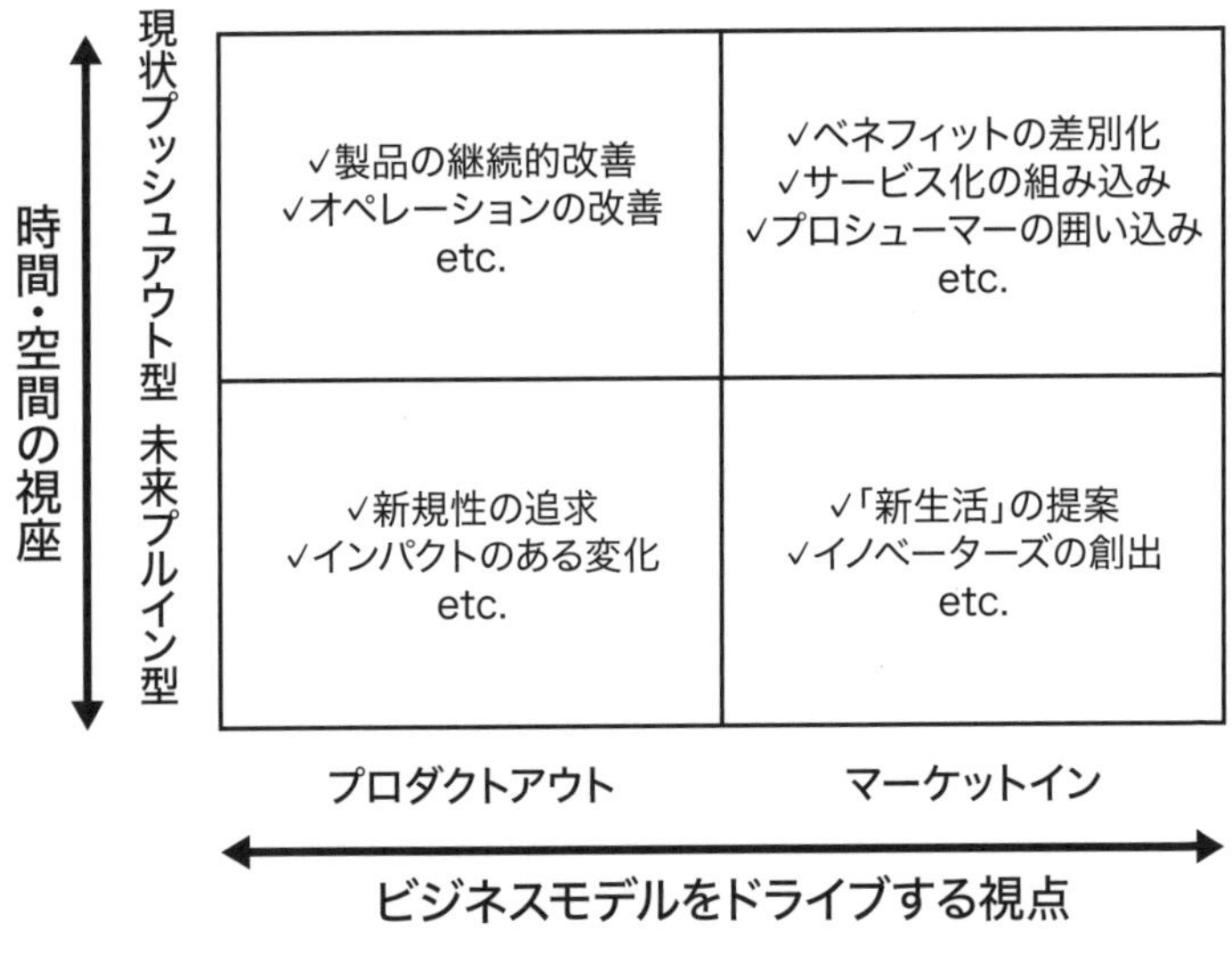

図の縦軸は時間・空間の視座を表す。要するに、ポイントは時間だ。**現状から未来に向けて考えるのを「現状プッシュアウト」、未来から現状に引き戻して考えるのを「未来からのプルイン」**という。

現状から未来に向けて考えるのを、英語で、(未来に向けて)フォアキャストする、未来から戻してくるのを、(未来から)バックキャストする、と言ったりする。

横軸は、ビジネスモデルを動かすときの視点で、**左側の現在自分たちが持っているプロダクト(商品)や経営資源から考えていくのが「プロダクトアウト」の視点。右側は、市場、つまりお客さま、世の中が求めているものから考えていく「マーケットイン」の視点だ。**

ビジネスモデルの分類方法にはいろいろあるが、新しい事業に着眼するときのアプローチとしてはこの四つのボックスのいずれかに入るはずだ。

順に見ていこう。

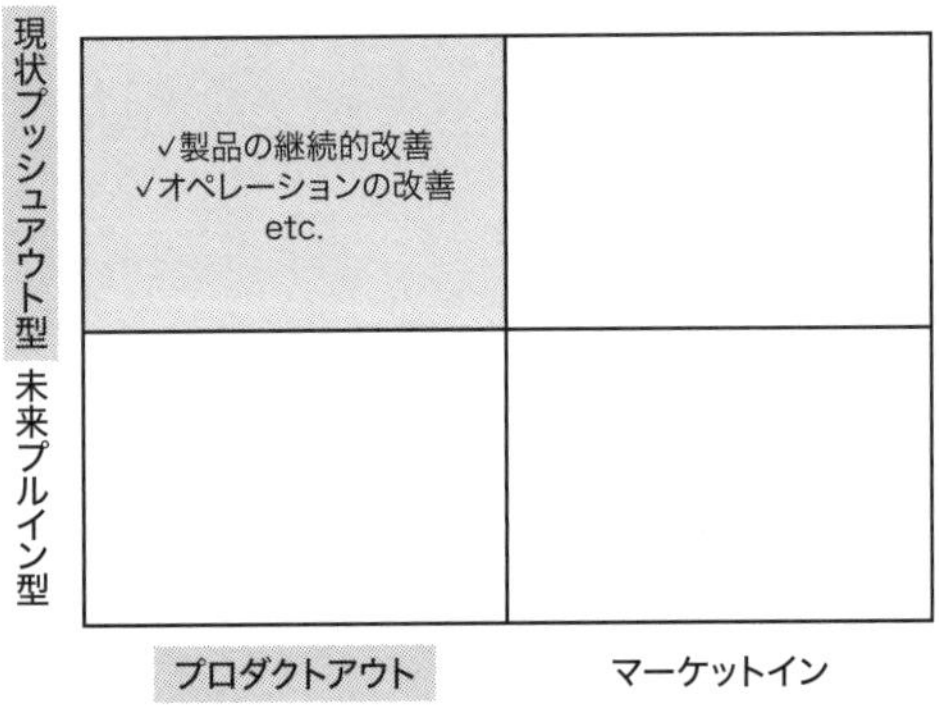

❶現状プッシュアウト型プロダクトアウト

マトリクスの左上の部分が、普通の企業の新規事業で一般的に行われていることだ。つまり、現状からのプッシュアウトの視座で、プロダクトアウトの視点から、新規事業を考える。

つまり、**自分たちがいま持っている商品、サービスを少しでも良くしていこうということを、現在から未来に向けて考える**ということ。具体的には、製品やサービスの継続的な改善とか、オペレーション、つまり、それらの製造や流通の工程などの改善がこれにあたる。

つまり、自分たちの商品、サービスにはまだ改良の余地がある、少しでも良くできるんじゃ

ないかということで手を加えたり。あるいは製造工程にもっと改良の余地があるんじゃないか、もっと効率的にできるんじゃないか、もっと品質基準を高くできるんじゃないかというようなオペレーションの改善をやったりということだ。

❷現状プッシュアウト型マーケットイン

次に、右上のボックス。こちらは、現状プッシュアウト型のマーケットイン。つまり、顧客、市場から見たときに、現状をどうすべきかを考える。いまの自分たちの商品に対して、お客さまに、この商品・サービスは、ほかの商品とは違うね、いままでの商品とは違うね、と思わせるような工夫をする。

いまある商品・サービスの改善という点では、左上のボックスに入るものと似ているように思うかもしれないが、**改善を考える際、あくまでもお客さんの視点に立って行う**、というところが異なる。そうすると、思わぬ事業機会が見つかるんだ。

たとえば、お客さんが勝手に自らの工夫で見つけ出してくれた商品の良さ、マーケティング用語でベネフィットと呼ぶが、これがおそらくは自分たち提供者側が想定していたベネフィットとは違ってくる。それをありがたくいただいて、自分たちの商品に反映させる。

あるいはお客さんから見たときに、所有したくはない、利用したいだけだ、というニーズが見つかったとする。ならば、いままでのようにハードウェアを単純に売るのではなくて、月払いや週払いのサブスクリプション・サービスのような形にしてみる。

またあるいは、本体じゃなく周りなんだ！　という声を聞きつけて、ハードウェアの周りにいろいろな付属品やサービスを付加して、どんどん追加して提供していく、といった具合だ。

つまり、あくまでもお客さんにとって、特別な便益がある、利便性が良く、お客さんにとって使いやすく、買いやすい。そういったものの仕組みをつくっていくというアプローチだ。

この右上のボックスの現状プッシュアウト型のマーケットインの視点からは、**プロシューマーの囲い込み**というアプローチも考えられる。

プロシューマーというのは、あまり聞いたことがないかもしれないね。**プロデュース・アンド・コンシューマー**を略した造語だ。

プロデュースというのは、つくる人。コンシューマーというのは、お客さんを指す言葉なんだけれど、プロシューマーとはどういう人かというと、要するに、提供している側よりも、商品、サービスについて熟知をしていて、自らの発想でいじりまわして、いろいろな工夫をした使い方をしているお客さんのことだ。ときには、自ら商品の企画や設計のアイデアを提案してくれるありがたいお客さんでもある。

実は、これまでも、いろいろな業界に、こういうお客さま、つまり、プロシューマーはいた。そして、こういうお客さまから新たなビジネスチャンスが生まれてきていることも多い。着眼・突入・徹底で言えば、突入、徹底でお世話になるお客さんだ。

次は、ボックスの下の段、未来からのプルインの二つを考えてみよう。未来プルイン型のプロダクトアウトと、マーケットインの二つだ。

❸未来プルイン型プロダクトアウト

現状と未来の間にはいろいろな事業機会が転がっている。着眼というのはすべてここに転がっていると言ってさしつかえない。起こるかもしれない未来を考えるときに、一つの鍵になるのがテクノロジーだ。

イノベーションという単語は知っているだろう。日本語で言うと、革新だ。では、イノベーションが起きるきっかけは何かというと、多くの場合、テクノロジーが絡む。馬車から自動車。これは大きなイノベーションだ。船から飛行機。これもイノベーションだ。

なんで実現したのか？

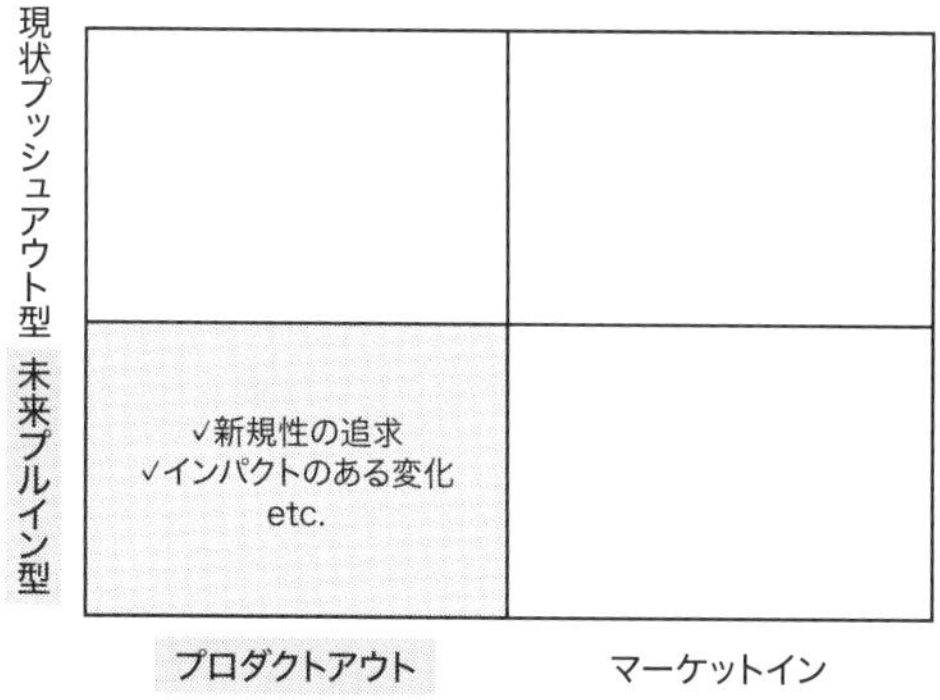

お客さんが望んだから。少しでもあそこに早く行きたいと。

確かにそうだ。でも、お客さんが望んだからではあるけれど、お客さんがそれを実現するテクノロジーを与えてくれるわけではない。

エンジンというテクノロジーの開発があったから、お客さんが思いもしなかったような形で、これまでよりずっと速く楽に移動できるようになった。

そして、さらに速く海を越えて移動できるようになったのは、航空力学が発展をして、ジェットエンジンの開発が進んだからだ。宇宙ロケットも同じく、だ。

つまり、**未来からのプルインで考えるときは、テクノロジーが非常に重要な要素になってくる。**そして、特に**テクノロジーベースで未来に向けて考える**ことが、未来プルイン型プロダクトアウトとなる。左下のボックスだ。

新しいテクノロジーを持って、要するにこれまでに見たことも、触ったこともなかったものをつくろう！　と、新規性を追求していくと、新規事業になる。

それが本当にお客さんに受けるかどうかは、ちょっとクエスチョンだけど、とりあえずやってみよう。こういうアプローチだ。大学発のベンチャーにも多いタイプだ。

❹未来プルイン型マーケットイン

一方、マーケットインというのは、未来のお客さんはきっとこんな生活になるだろうと妄想する。**未来のお客さんのさまざまな生活イメージをつくる。そこに事業機会を見つける。未来の新生活の提案をする。**

未来のお客さんはみんな手元でスマホをいじって、指で入力をしているだろう。こ

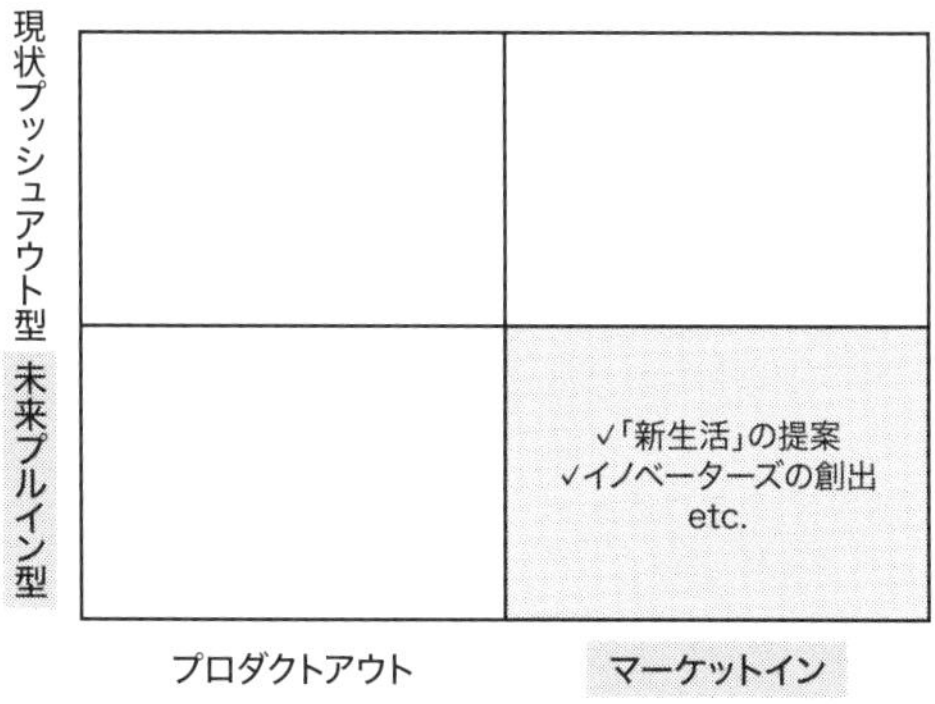

んな妄想をしたのは、Appleのスティーブ・ジョブズだった。従来だったら、ボタンで入力をしたり、スタイラスペンのようなもので入力をしていたお客さんが、未来はきっと自分の指で入力をすると。いやいや、音声で入力をすると。そんなもんじゃない、未来は思っただけで入力ができていると。そういうふうに考えて、テクノロジーを利用しようと考える。

これは未来のイノベーターズを創出することだ。イノベーターズとは、マーケティングで言うキャズムを越える人たち。世の中に真っ先に、フロントランナーとなって新しい習慣をまき散らす人たちだ。

おっと、キャズムというのは、新しい商品やサービスが浸透する際に最初に出会う深い溝という意味。これを越えられるかどうかが、新商品・サービスが成功するか否かを決める。

ともかく、まずは未来のイノベーターズのお客さんになり切って、どんどん妄想してみようじゃないか。

まさに、人間の好奇心が爆発するイマジネーションの産物だ。

以上、四つのボックスを見ていくと、面白いのは、下の段の二つのボックスじゃないだろうか。未来からプルインして徹底的に考える二つのアプローチ。わたし自身もそうだ。

このテクノロジーを使ったら、何ができるだろうかと考える。あるいは、未来は、こんな生活があるだろう、それを実現するためにはどんなテクノロジーが求められるかと考える。

プロダクトアウトとマーケットインをうろうろしながら、くるくる回しながら事業開発をやってきたし、いまもそうしている。

KEY POINT

三つの「間」

事業機会は、時間の間、空間の間、人間の間にある。
時間を繋ぐ、空間を繋ぐ、人間を繋ぐ
ことがビジネスとなる。

人間を繋ぐ

郵便、電話、SNS。
マッチングサービス、M&A。
訴訟、外交関連。
C to Cビジネス　etc.

空間を繋ぐ

移動手段（馬車、列車、自動車、航空機、ロケット）
貿易、通信手段、決済手段、etc.

時間を繋ぐ

過去と現在を繋ぐ（観光、骨董品ビジネス　etc.）
未来と現在を繋ぐ（テクノロジー、教育　etc.）

時間とビジネスモデルのマトリクス

①現状プッシュアウト×プロダクトアウト
②現状プッシュアウト×マーケットイン
③未来プルイン×プロダクトアウト
④未来プルイン×マーケットイン

第7講

2050年、
テクノロジーと
スタートアップの旅

第四次産業革命

前の講では、想像力を使って事業機会を見つけるポイントとして、❶人間と人間の間、❷空間と空間の間　❸時間と時間の間の「三つの間」に注目する方法を学んでもらった。

未来と現在の間の事業機会。未来に起きそうなことと、現在起きていないこと、この間を繋ぐところの事業機会を見つけることが、最もワクワクするスタートアップのソウゾウ力の見せどころだと言った。

さらにこの三間を利用してイメージした事業機会への着眼は、すべて四つのアプローチに分類できることも理解してもらえただろう。

四つのアプローチの中でも、スタートアップの真骨頂となるのは、未来プルイン型だろうというお話もした。未来から考える「未来プルイン型」には、未来に花を開かせそうなテクノロジーを用いる「プロダクトアウト」視点と、未来の人々の生活を想像し（同時にそこで必要とされるテクノロジーの開発も考える）「マーケットイン」視点がある。

勘のよいきみならおわかりのとおり、いずれの視点にしても、未来のテクノロジーの可能性を知って、この技術をどう使えば、何ができるんだろう、どんな新生活が実現できるのだろうと、プロダクトアウト視点とマーケットイン視点をグルグル回しながら考えるのが、いちばんわかりやすいアプローチとなる。

未来プルイン型の右と左を行ったり来たりしながら考える。考えるプロセスそのものが、「想像力」を磨き、「好奇心」を引き上げる演習にもなる。

実際、現在は、テクノロジー第四の波とよばれる時にある。テクノロジーのカンブリア紀だ。**第四次産業革命**がもう始まっているという時代に、わたしたちは生きている。

ちなみに、18世紀末以降の蒸気機関による工場の機械化が、きみも学校で習ってよく知っている産業革命で、これを第一次産業革命という。次が、フォードの自動車工場に代表される、分業に基づく電力を用いた大量生産。これが第二次産業革命で、20世紀初頭のことだ。そして、1970年代初頭からの電子工学や情報技術による一層のオートメーション化が第三次産業革命だ。諸説はあるが。

では、第四の波とも呼ばれるテクノロジーとは何か？　現在の情報革命やデジタル革命が第四次産業革命とも言われるが、この講では、これと並行して勃興している第五次産業革命にも繋がりそうなテクノロジーの主なものをあげていく。あくまでもかなりざっくりとした紹介になるので、好奇心が出てきたら、そのテクノロジーを自分なりに研究してほしい。テクノロジーは日々進化しているので、あくまでもここではその概要ということでご容赦願いたい。

そのうえで、未来プルイン型と掛け合わせて、事業機会を「想像」してみてほしい。おもわぬ「創造」が生まれるかもしれない。

実は、第一次産業革命より数百年前に、ものすごいテクノロジーが生まれていた。印刷技術だ。ルネッサンスの時代に、グーテンベルクが印刷技術を開発し、それまで聖職者が独占していた聖書が誰でも読めるようになった。それがルターの宗教革命を大いに後押しした。それは、いわば情報革命とも言うべきもので、聖書に限らず、さまざまな知が公にされ、共有される仕組みをつくった。人類にとって、その発明の偉大さは、以後の産業革命をもたらしたテクノロジーに勝るとも劣らない。

19世紀初頭のエンジンの発明も大きい。専門用語では内燃機関という。内側で燃焼する機関だ。内側で爆発をして、それによってタービンを回し、動力源とする。19世紀も後半になると、ガソリンを燃料とするエンジンが発明され、それによって自動車が生まれた。航空機の動力も同じだ。ロケットもそうだ。そう考えると、このエンジンの開発というのがいかにすさまじいテクノロジーかがわかるだろう。

そして、現代。印刷技術やエンジンに匹敵するような驚くべきテクノロジーは何か、といったら、やはりインターネットとその周辺のテクノロジーだろう。まさにインターネットによる情報革命、デジタル革命だ。人類を短期間で変えてきた。

ところが、いま、それ並みの大きさのインパクトのある複数のテクノロジーが、人類史が始まって以来の勢いで一気に押し寄せて来ている。いまはそういう時代だという認識でいてほしい。そして、ラッキーなことに、実に幸運なことに、若いきみたちは、この第四次や第五次産業革命の担い手になることが決まっている！　ということだ。

さあ、早速、駆け足で見ていこう。

AI

まずＡＩ。

ところで、ＡＩが何の略か知っている？　アーティフィシャル・インテリジェンス

(Artificial Intelligence)、人工的な知性という意味だ。日本語では、人工知能と言われてきた。60年以上も前、はじめて誕生したときにつけられた呼び名だ。

以来、ＡＩブームというのが、過去二回あって、いまは三回目だ。ただし、今回はブームでは終わらない。このまま社会や生活に定着していくだろう。

ＡＩの基礎をつくり、第一次ＡＩブームを起こしたのは、アラン・チューリングとジョン・フォン・ノイマンという天才たちだ。そのときのコンピューターは、いまにしてみれば、高性能の計算機にすぎない。けれども、それがなければ、いまのＡＩ技術の発展はなかった。１９５０年代のことだ。

そして、１９８０年代、一定の推論ができる大型のコンピューターが企業や個人にも利用できるようになったのが、第二次ＡＩブーム。コンピューターと将棋ができるようになったぞとか、チェスができるようになったというのが、注目された時代だ。当時は、勝負の勝敗は、人間と五分五分だったが。

そして、今回のＡＩブームが、**機械学習やディープ・ラーニング（深層学習）の時**

代のＡＩだ。人間に依存せず、プログラムを自ら書き換えられる。そういう進化をするＡＩだ。これまでのＡＩとは、全くレベルが違う。いままでのように人間がプログラムをいちいち書かなくても、自分で考えちゃう、自分で学んじゃうわけだから。つまり、人間と同じようなことをするようになるわけだ。おそらく無限に知性が高まる。

２０２３年に入って急に世界を席巻しているChatGPTなどの**生成系ＡＩ**も、このディープ・ラーニングを使っている。これまでの、おもに物事の「認識」に用いられる「認識系」ＡＩに対して、クリエイティブな成果物を生み出すことができることから、「生成系」ＡＩと呼ばれている。賛否両論あるが、その進化は止められないだろう。

すでに人間は、チェスでも、将棋でも、囲碁でも、もうＡＩに勝てない。完全に勝てなくなった。そこに知的活動の判断業務やコミュニケーション、さらに創造的作業までやってのけるＡＩが登場した。たとえば、小説だって、詩だって、音楽だって、絵画だって、人間以上に上手に創作できるようになる日は近い。

カーツワイルという学者は、２０４５年には、**シンギュラリティ**が起こると提唱した。シンギュラリティとは、AIが人類の知能を超える技術的特異点（転換点）のこと。つまり、スーパー知性の誕生だ。

どういう知性かというと、IQにしたら1万！ IQって120、130、140くらいが限界で、天才と呼ばれる人でも、200はいかないと言われているわけだから、途方もないIQだ。要するにありえない存在ということ。まさに、万能の神だ。それがAIでつくられる超知性になるというわけだ。

ここに注目をしている人は無数にいる。たとえば、ソフトバンクの孫正義さん。孫さんはいま、AIという香りがついているすべてのベンチャーに投資している。彼は、常に未来を見ている「投資家」だ。

だから、AI絡みのベンチャーというのは、これからもまちがいなく伸びるだろう。

IoTと5G

ＩｏＴ。インターネット・オブ・シングス。あらゆるものをインターネットに繋ぐ技術だ。ＩｏＥ（インターネット・オブ・エブリシング）と言ってもよい。いまや、ほとんどのものがインターネットに繋がっているが、現時点における究極の姿は、自動運転の自動車だろう。

そして、自動車を考えてもらうとわかると思うが、ＩｏＴで重要なのは、通信速度だ。コンマ何秒の情報の遅れが大事故に繋がるのだから。つまり、ＩｏＴは、５Ｇの通信技術によって、大きく前進している。

５Ｇというのは、１Ｇ・２Ｇ・３Ｇ・４Ｇに続く第五世代の高速・大容量の移動通信システムだ。スマホを開けると、上にWi-Fiの表示がないと、4Gとか5Gと出てくる、あれだ。若いきみには想像もつかないだろうが、昔は、音楽一曲ダウンロードするにもアップロードするにも、何分もかかった。映画なら一晩かかった。だから、3Gになったとき、画期的だと思った。それが4Gになったときは、革命的だと思った。

そして、5Gだ。これはどのくらい高速大容量かというと、2時間の映画を1秒でダウンロードしちゃうぐらい。遅延率は、4Gの10分の1だ。それから、同時に100の端末に繋げられる。

5Gを制覇すれば、ほとんどすべての世界のIoTは全部制覇できる。そしていま、その世界で優位に立っているのは、中国だ。アメリカが中国の閉め出しにやっきになる理由の一つでもある。

日本の技術者たちは3Gでは世界一だったのに、4Gはアメリカ、5Gは中国に先行された悔しさから、次の6Gの先駆者になることを目指している。

次世代の通信インフラが地球全体をくまなく覆えば、何もかもが自動運転になるだろう。それが、シンギュラリティのＡＩに繋がったとしたら、何が起きるか、何ができるか、妄想が広がるだろう。

一方で、これが人類社会にとってリスクであることに、警鐘を鳴らす技術者も少なくない。

ビッグデータ

ＡＩ、ＩｏＴ、５Ｇときたら、当然出てくるのが、ビッグデータだろう。あらゆるモノコトがセンサリングされ、つまり、定量的な情報として収集され、そのセンサリングされたデータが巨大なゼタバイトの情報として、いま溜められ、消費されている。

センサリングというのは、ＩｏＴに欠かせない技術の一つで、センサーと呼ばれる検知器によって、定量的な情報を取得するものだ。ゼタバイトというのは、１兆ギガバイト。つまり、10垓《がい》バイト。ゼロが21個つく。想像を絶するビッグさだろう？　そのビッグデータを将来、さまざまに解析し、たとえば人の行動を予測する。

人だけではない。気象予報。いまの気象予報も一応ＡＩとビッグデータで動いてはいるが、精度はまだまだだ。台風の進路も相変わらず、予想からずれる。それは自然現象なんだから、そんなに正確に予想できなくて当たり前、と思うかもしれないけれど、おそらく何年か後には、すごい精度の気象予報が出せるようになるはずだ。

ビッグデータを解析するときに使われるのが、アルゴリズムという計算方式だ。ＡＩは、ビッグデータを基に、ある一定のロジックの計算式をもって解を出す。そのときの計算式、すなわちアルゴリズムは現在人間が与えているわけだが、そのアルゴリズムさえ、いまはＡＩが自分で書くようになりつつある。そういう時代がやってくることで、その活用場面は無限大だ。

人の行動予測、気象予報などはほんの序の口。交通管制、物流制御などの社会インフラやシステムに活用され始めているし、自動運転と連動することで、交通渋滞は解消する。もちろん事故も起きなくなる。人間は運転しなくてよくなるだろう。

さらに期待されている分野で大きいのは、医療分野だろう。あらゆる診断は、このビッグデータとＡＩのスーパーコンピが、人間の医者を完璧にサポートしてくれるようになる。すでに、レントゲンやＭＲＩなどの読影では、完全に人間を凌駕している。彼らは人間と違って故障はあるかもしれないが、疲れることはないからね。

弁護士も公認会計士も、これからはこのスーパーコンピにとって代わられる日も近い。しかし対象が生身の人間である限り、医者も弁護士も公認会計士も、人間としての魅力を失わなければ、このスーパーコンピをパートナーや助手として、さらに良い仕事ができるようになるだろう。

ブロックチェーンと仮想通貨、ＮＦＴ

ブロックチェーンという言葉も、もうすっかり普及したようだが、それでもまだ、ブロックチェーン、イコール仮想通貨だと思っている人もいるかもしれない。たしかに、ビットコインに代表される仮想通貨は、ブロックチェーンの活用例として代表的なものだが、それ以外にも、あらゆるものに使われる可能性を持っている。

そもそもブロックチェーンのすごさというのは、単独で情報が伝わっていく仕組みというところにある。うん？　わからない？

つまり、いままでのコンピューターというのは、中央にすべての情報を集めて、そこから末端に対してあらゆる指令を出すという仕組みだったんだけれども。ブロックチェーンには中央がない。端末しかない。端っこしかない。世界同時にすべての端末に共通のデータを持つ。だから、「分散台帳」とも呼ばれる。

これのどこがすごいかというと、改ざんができないからだ。誰かがそのデータを書き換えようとしても、書き換えられない。なぜならば、他のところにほぼ無数にデータが残っている。誰かが改ざんしたというのがすぐわかる。いわば、お互い監視し合っている状態になっている。だからこそ、通貨にはもってこいの技術、というわけだ。

誰かがちょこっと自分の金額を多くしようと思っても絶対不可能なわけだからね。

仮想通貨以外には、電子カルテなどへの利用が考えられるが、最近では、先に**NFT（Non-Fungible Token）**が知られるようになってきた。これは、偽造や改ざんが難しいブロックチェーンの技術を用いて、おもにデジタルコンテンツに唯一無二の価値をつけられるようにするものだ。固有のアドレスが割り振られて、絶対に取り換えがきかないようにするからだ。デジタルコンテンツは簡単にコピーできていたのが問題だったが、このNFTによって、「オリジナルである」という鑑定書が得られることになる。最初のNFTアートと主張して有名になった『Everydays-The First 5000 Days』という作品は、なんと約75億円という高額で落札されて世界を驚かせた。

NFTアートのマーケットプレイスはいくつも立ち上がってきていて、日本の小学生がつくったNFTアートが、世界とは比べものにはならないものの、約80万円で落札されたこともある。

このNFTを含めたブロックチェーン技術を活用した分散型の新しいWebの世界を、**Web3**《スリー》と呼んでいる。中央がないことによって、**自律分散型のネットワーク**ができていく。これをDAO（Decentralized Autonomous Organization）とも言う。

Googleなどがつくってきたweb2・0の、中央が牛耳る世界を変えていこう、という運動のようにも見える。

このコンセプト自体が新しいとわたしは感じる。ブロックチェーン技術はその技術の可能性だけでなく、この技術が示唆する未来の社会のあり方において、めちゃくちゃクールだと感じる。きみはどう思うだろうか？

ロボティクス

先に挙げたIoTの一つが自動運転だと言ったが、「5Gに繋がり、ビッグデータを用いたアルゴリズムにより、AIが動かしている」自動車は、ある意味、「ロボット」だとも言える。実際、自動運転の車はおしゃべりもする。人間の形をしていないだけで、立派なロボットだ。

ということは、いま、きみの手元にあるスマホも立派なロボットだ。となると、未来には、自動車もスマホも、そして家も、全部統合して一つになって、きみの生活を乗せて、動いて静止しておしゃべりするロボットになるのかもしれない。

ロボティクスと言えば、長く日本のお家芸だった。特に工場現場でのロボットアームとしておなじみで、たとえば自動車工場でも、その昔はベルトコンベヤーの両側に人間が陣取って熟練した職人芸で組み立てを分担していたものを、ロボットアームが、速く、確実に、丁寧に組み立てるようにした。まさに、熟練の人間技だ。いまも、半導体工場でも、あらゆる製品や物流などの作業をする工場や現場でも、このロボットアーム、ロボティクスの技術は欠かせない。しかし、残念ながら、最先端のロボティクスについては、日本が世界をリードしているとは言い難いだろう。

ロボットは生活分野にも入り込んできた。たとえば、ファミレスでよく見かける配膳ロボット。ホテルのチェックインのロボットもいる。見回りをする警備ロボットも増えてきた。中国ではラストワンマイルの配達ロボットも活躍し始めている。

前にたこ焼きをつくるロボットを見たが、そう遠くない未来にファミレスの中の厨房で、ロボットが調理するようになるかもしれない。

家庭の中にも調理ロボットアームがやってきそうだが、アームだけだとさみしい感じだ。やはり、人間は人間そっくりのロボットを欲している。SF映画の中に出てくるまるで人間のような見分けがつかないアンドロイド。サイボーグ。あんな感じの人間型ロボットがいれば、何かと役に立ってくれるだろう。

最終的には、人間は知性のある完璧な人間型ロボットと一緒に生活する、もしかして、伴侶として選ぶ、そんな未来が待っているのかもしれない。

ちょっと未来に行き過ぎたが、将来ロボットに搭載が望まれているのはやはりコミュニケーションができる能力だろう。やはりおしゃべりができないと一緒にいられないから。

しゃべると言えば、さっきも触れたが2023年に入って、一気に広がっているのが生成系ＡＩ。ChatGPT、Bard、Bingをはじめ、しゃべらず描くFireflyのような画像生成ＡＩもある。すごいスピードで進化している。これらが、これまで見てきた、ビッグデータと５Ｇとともに、人間型ロボットに繋がるんだ、きっと近い将来。

そういう妄想をすると、未来の新生活がいろいろと見えてくるだろう？

そのすべての未来生活に関わるプロダクト（製品）のロボットだけでなく、それを支えるあらゆるサービス、技術や仕組みなどが、ぜんぶベンチャーとして挑戦できることになる。アニメや映画を楽しむのもいいが、その中で空想されている未来をつくる側に参加してみるのもいいだろう？

VR、AR、MR、メタバース

ＶＲ、ＡＲ、ＭＲ……それぞれ、バーチャル・リアリティ（Virtual Reality 仮想現実）、オーグメンテッド・リアリティ（Augmented Reality 拡張現実）、ミックスド・リアリティ（Mixed Reality 複合現実）の略だ。いずれも、いわゆる仮想現実、バーチャル・リアリティに関する技術だ。総称的に、XR（エックス・リアリティ）という。

プレイステーションやオキュラスは、その先駆けだ。最近、よく聞くのは、**「メタバース」**という言葉だろう。メタバースとは、**インターネット上の仮想空間**で、ユーザーは、三次元で構成された仮想空間の中で、自分の分身であるアバターを介して自由に動き回り、他者と交流し、商品やサービスの売買など、リアル世界と同様にさまざまなことを体験できる、いわば、もう一つの平行社会（パラレルワールド）だ。

現実には、まだとてもリアリティとは言えない、つくりものの空間しかできていないようだが、それを体験するためのゴーグルなどの開発も、バーチャル空間そのもののサービスも、各社で進められている。たとえば、Facebookの子会社だったオキュラスが取り組んでいたバーチャル・リアリティはどんどん精度が上がり、Facebookは2021年秋、とうとう社名をメタバースからとったMeta（メタ・プラットフォームズ）に変えてしまったし、2023年には、東大に「メタバース工学部」ができて話題を呼んでいる。

いまは、まんがチックなアバターが、幼児向けの絵本のように雑に描かれた風景の中を、ぎこちなく動くだけだが、やがて、たとえば移動の概念も変えていくことになるだろう。

どういうことかというと、会議をやると言って、いままでは大阪から東京に出張をしたり、福岡から東京に出張をして、実際に会議室のテーブルにみんな座っていたけれども、もうそれをしなくていい。みんなバーチャル・リアリティのヘッドセットを付けて（ヘッドセットでもなくなる可能性もあるけれど）、会議をする。そこでは、隣の人の息遣いまで感じられ、誰が緊張しているかもわかる。誰が汗をかいているかも見える。そういうリアリティが普通になる。

これからはバーチャル・リアリティがリアリティになっていく時代になる。バーチャル・リアリティで起きていることが、これからの子どもの記憶では、リアリティそのものになっていく。わたしたちの世代が、バーチャルとリアルを区別するだけで、子どもたちにとってはすべてがリアリティだ、そういう時代になるということだ。

一方、ミックスド・リアリティ（MR）とか、オーグメンテッド・リアリティ（AR）

のこれからの進化も楽しみだ。

MRやARの実装技術は、グーグル・グラスに代表されるもので、現実を見ているんだけれども、現実の空間の中にバーチャルが重なって出てくる。代表的なのはポケモンGOだ。あれはまだまだ幼稚だったが、あれが、ホンモノと区別がつかないくらいの画像になったらどうなるか、想像するだけでワクワクする。Appleも満を持して、AR/VRヘッドセットの『Apple Vision Pro』を発売した。iPhoneのように未来生活に定着するかは未知数だが、大きな変化を起こすことは間違いない。

個人的にまず欲しいものを言うと、たとえば、グーグル・グラスをかけて、誰かに会うと、パッと顔を見た瞬間に、顔認識をして、この人は2020年の何月何日に京都のどこどこで会いました、この人はこういう仕事をしている人で、そのときにこんな会話をしました、というのが、全部データとしてダウンロードされ、相手に見えないように表示してくれるグラス、つまり眼鏡。

こんなこと、やろうと思えばすでに可能なはずだから、誰かベンチャーで早くやってくれ！

iPS細胞とゲノム編集

ｉＰＳ細胞。山中教授がノーベル賞をとった有名な技術だから、知らない人はいないと思う。要するに、将来、自分のクローン臓器をつくろうじゃないかという話だ。自分の体細胞をリプログラミング、つまり、初期化して、移植に必要な自分用の臓器をつくっちゃおうというものだ。

わたしたちの身体の細胞は、心臓になるものは心臓になる、と決まっているんだけれど、そういうふうに決まる前の段階、つまり、受精卵の段階では、何にでもなれる細胞をとりだすことができ、それはＥＳ細胞と呼ばれている。でも、いくら治療のためとはいえ、受精卵から取り出すというのは制限が多すぎて、現実的ではない。

それに対して、iPS細胞というのは、どこでもいいから身体の細胞をとって、ES細胞のようにすべてのものに化けられる多機能な細胞に初期化するという画期的な技術だ。そのうえで、必要な臓器に変身させる。そして、移植する。

このとき、現在の臓器移植で問題となる拒否反応が起きないというのも優れた点だ。自分の身体の細胞からつくるわけだから。

いまはまだ、網膜だとか、パーキンソン病の脳の一部だとか、心筋シートとか、そういったものに限定されているようだが、将来は人間の臓器すべて、自分の体からつくったiPS細胞で取り替えていけるかもしれない。そういう夢のような話だ。

そして、もう一つの夢の技術が「ゲノム編集」だ。残念ながら、日本はほとんど出遅れている。最先端を走っているのは、中国であり、アメリカ。その次にドイツ、フランスというところで、それからずっと下のほうに日本があるという感じだ。

ゲノムというのは、親から子へDNA配列として受け継がれる生物の形質を決定するひと揃いの遺伝情報のこと。ゲノム編集というのは、この遺伝情報を編集することだ。つまり、DNA配列に変化を生じさせ、遺伝子の働きを変化させる技術だ。

それは、遺伝子組み換えのこと？　と思う人もいるかもしれないが、遺伝子組み換えは、違う種のＤＮＡをはめ込んでつくる技術。ゲノム編集というのは、その種の中で起きうる突然変異を人工的に起こすやり方なので、根本的に違う。

ちなみに、ＤＮＡというのは、その配列によって生物の設計図の役割を果たしている酸性物質で、そのうち、遺伝情報を持っている部分を「遺伝子」という（つまり、ＤＮＡの中には遺伝情報を持っていない部分もある）。じゃあ、「染色体」って何？という声が聞こえてきそうなのでついでに言っておくと、このＤＮＡは、細胞の核の中で、タンパク質に巻き付いて存在している。それが染色体だ。つまり、遺伝子もその他のＤＮＡも、染色体の中にある。

さて、ちょっと前のことだ。ＨＩＶ（エイズウィルス）にかかったお母さんが、どうしても子どもがほしい、でも、エイズはたとえ治っても一生保菌者として生きることとなり、１００％母子感染する。だから、普通は子どもは諦める。ところが、中国のゲノム編集技術で、エイズにならない体質の子どもにすべく受精卵をゲノム編集した。はたして、生まれてきた双子は？

二人とも、エイズにかかっていなかった。というか、生涯かからない体になったそうだ。

同じことが、その他の遺伝子が原因となっているさまざまな難病についても言えるだろう。倫理的にこれが許されるのか、という議論は尽きない。しかし、人類の智恵がそれを実現させるのであれば、難病には適用するべきだとわたしは思うが、きみはどう考えるだろうか？

いずれにしても、まさに夢のような技術だ。多くの薬が不要になることにも繋がるという意味では、やはり破壊的イノベーションだ。

にもかかわらず、日本では研究が進まないのは、こんなふうに自分の子どもの遺伝情報を変えられるのなら、鼻を高くしたり、背を高くしたり、知能指数を高くしたりできるのではないか？　それはやっていいことなのか？　という先を考えすぎた、行き過ぎの倫理的な議論があるからだ。たしかに、慎重に議論すべき課題だが、人類の進化の歩みを止めるべきなのだろうか？

ただし、動植物については、すでに実用化の道が見えているものも多い。昔から、作物であれば、品種改良という気の遠くなるような長い年月とコストをかけてやっていた研究があるが、このゲノム編集だとその過程を一気に短縮できる。しかも、実は、このゲノム編集はクリスパー・キャス9という酵素とガイドRNAを組み合わせるだけなので、コストが劇的に安い。

養殖では、鯛やトラフグを太らせたり、マグロをおとなしくさせたりと、魚の品種改良はすでに実用化している。たくさんのリコピン（トマトやスイカに多く含まれている赤色の天然色素。強力な抗酸化作用を持ち、動脈硬化や心疾患などのリスクを抑える働きがある）が入っているトマトの話も聞いたことがあるだろう？　たいていのことは全部ゲノム編集でできるようになる時代に突入したんだ。

自己中心的な考えだ！　って言う人もいるかもしれない。でもよく考えてみてほしい。人類は食物連鎖の頂点にあって、ゲノム編集前のほうがもっともっと自己チューで、無駄に食い散らかしてきたではないか。

地球上の人類のすさまじい繁殖の結果、地球上の資源は荒らされ、食物は食い荒らされている。未来の地球と人類の課題に想いを馳せ、ビジョンを描けば、ゲノム編集まわりにはすさまじく多くの事業機会があるはずだ。

3Dプリンター

３Dプリンター。これもすごい技術だ。三次元、つまり立体をつくるプリンター、つまり、空間に何でも造形しちゃおうというわけだ。ドバイ政府は、中国の３Dプリンターのベンチャーに、家を造るプリンターを大量に発注し、向こう何年かの間に、自国の家屋の３分の１は３Dプリンターで造ると宣言して話題になった。

これまでは、たとえ工業化住宅でも、工場で壁や柱をつくり、それを現場で組み立てていたわけだが、３Dプリンターで家を建てるとはどういうことかというと、大きなプリンターを現場に持っていって、家の素材となる原材料を入れてスイッチを押すと、下から順番にできあがって、仕上がるという感じだ。柱とか、壁とかの概念がない。全部一体的に造っていくということだ。

わたしが最初にこのテクノロジーに触れたのは、21世紀に入ったばかりの頃だ。当時はドイツからの技術だった。日本に2台しかない3Dプリンター(当時はそんな名前はなく、ラピッドプロトタイピングと呼ばれていた)を利用して何ができるか、その利用権を持つ投資先のベンチャーの社長と、いつも口角泡を飛ばす議論を交わしていたものだ。

当時からすでに、中空形状で中に別の複雑な造形をつくる、なんてことも簡単にできた。それを見て興奮しないはずはない。きみだったら、それで何をつくろうと思う?

社長はそれで観賞用の金属の盆栽をつくってしまった。わたしはかなり激しく反対意見を述べたが、聞く耳を持たなかった。わたしから提案したのは、人間の臓器や頭蓋骨、大腿骨などの造形で、医療現場の研修での利用や、将来のテイラーメイドの人工骨への参入だったんだが……。

20年以上前の提案だったが、わたしの着眼は間違っていなかったと思う。残念ながら、というか、当然のことながら、このベンチャーは間違った方向に向かっていった結果、消滅した。

いままさに足元では、この3Dプリンターの実用化は、さまざまな分野で着々と進んでいる。3Dプリンターに使うインク、つまり素材も、最初は樹脂が中心だったのが、いまではさまざまな金属や材料でできる。さらに言えば、インクとデバイス次第で、培養肉などのフードもつくれるし、まだ夢物語ながら移植用の心臓をつくることを目指しているベンチャーさえある。可能性は無限大だ。

わたしの好きなSFでは、フードレプリケーターなるものが登場する。遠くない将来、フードレプリケーター、つまり未来のフード用の3Dプリンターは、「あの軽井沢のお店の甘くないショートケーキ」「2023年の銀座のあのシェフのペペロンチーノ」って声で入力すれば、そのレシピデータをダウンロードして、数十秒後に目の前に出してくれるようになるかもしれない。

あるいはもっと遠い未来かもしれないが、火星に移住した人間が、地球にあるデータを利用して、火星上に設置したさまざまな3Dプリンターを利用しながら、生活のすべてをまかなっているかもしれない。

空間を超え、時間も超える、まさに着眼すべき潜在性のあるテクノロジーなんだ。

テクノロジーから未来を想像する

さて、この講でお話ししてきたこと、ほんまかいなと思っているかもしれないけれど、すべて、事実だ。まだ、形にはなっていないものでも、2050年ぐらいには、かなり実用化されているはずだ。きみが50歳になる頃には、とんでもない世の中になっているだろう。とんでもなく、いい世の中だ。

この講の終わりに、テクノロジーと人間の関わりの重要なポイントを一つだけ言っておこう。わたしが前からずっと言い続けている視点だが、起業するにあたって、独自性のある着眼のヒントにもなると思う。

それは、こういうことだ。

これまでテクノロジーでつくられた道具というのは、石器や槍からはじまって、自動車、パソコン、スマホ、みんな人間の体の外で使われていたものだった。それらを使うことによって、人類が進化し、社会がどんどん便利に楽しくなっていくという、そういう時代が何千年、何万年と続いてきた。

しかし、いよいよこれからは、人間の体の外ではなく、内、つまり体の中にテクノロジーが取り込まれてくることになるだろう。それがロボティクスによる人間のサイボーグ化であり、人間を遺伝子レベルでデザインするゲノム編集であり、iPS細胞だ。

だから、たとえば、2050年代60年代にもまだオリンピックが残っていたとしたら、ほとんどゲノム編集されたアスリートばかりになっているのでは、と思ってしまう。パラリンピックもまったく別の競技になっているかもしれない。

人間の平均寿命はますます延びるだろう。150歳ぐらいはざらだろうか。もしかすると、寿命の概念さえ変わっていくのかもしれないね。すると、死ぬことが選択できるようになるかもしれない、死ぬ権利が法的に認められる時代もまんざらあり得ないことではない。

すでに取り組まれているBMIという技術、ブレイン・マシン・インターフェースの略で、脳に直接インターフェースのチップが入って、キーボードもマイクもなく、AIと直接対話できることを目指すやつ。こんなのができてくると、やがて、思っただけで物が動く、伝わる、念力やテレパシーのようなことが普通にできるようになるかも、だ。

少なくとも百年後は、わたしたちの知らない人類、人間が、この地球上、太陽系に存在しているだろうと思っているのだが、きみはどう思うかな。

数年前に、東京のIQ130以上の高校生を集めてアンケートを取った。将来どんな職業に就く？　と。出てきた答えは、こんな感じだった。

まず、ホワイトハットハッカー。これからハッキングが常態化するから、ハッキングのセキュリティを破る奴らをやっつける仕事をやりたいと。正義の味方だね。彼ら彼女らには、サイバー空間での戦争がリアルに見えている証拠だ。これがすごい。

それから、バーチャルスペース・コーディネーター。これは仮想現実の風景をつくる人だ。リアル世界で言うと、ジオラマ風景をつくる原型師という職。つまり、仮想現実で入ったときにある「世の中」をつくりたいと。もうひとつの地球、宇宙をつくるってことだから、これもいけてる。

そして、データ・サイエンティスト。ビッグデータの時代に、ビッグデータをどう解析すれば世の中の役に立つかということに取り組む技術者になりたいと。

それから、サイボーグ・エンジニア。人間を改造したい。いろいろな形で。人間の老化に対抗して、人間とロボティクスの技術を融合して、どんなふうに人間改造するかを考える技術者。

また、YouTuberも。もう実物の人間が出る時代ではないから、初音ミクのようなバーチャルYouTuberをやっていきたいと。

みんな、未来がちゃんと見えているなと感じた。大きくて有名な会社に就職するとか、公務員になるなんて誰も考えていない。だいたい公務員はもう存在しないかもしれない。エストニアのような電子政府になるから。

エストニアでは、産まれた瞬間にＩＤが付与されて、そのＩＤですべてができる。給与の振り込みから決済まで、一切現金を持つ必要はない。戸籍や住民票などの身分証明もいらない。確定申告もいらない。全部ＩＤの中に紐づき記録され整理されているから。

もっとすごいのは、そのデータはスイスとオランダに預けられていて、万一、国が潰れたとしても、いつでも復活できることだ。全部データがとってあるから。世界中に国民が散らばっていたとしても、いつでもバーチャルで国をつくりなおせる。

もちろんこれは、人口わずか１３０万人の小国だからできることかもしれない。しかし、エストニアのあり方には、その根底にベンチャーに通じるものを感じる。過去から当たり前だとされていた体制も仕組みもゼロからつくればよい。

ベンチャーというのは、もともとはアタッカーで、旧態依然とした既存の産業に刺身包丁のように切りこみ、アタックするという形態が多かった。そこに、従来は利用されていなかったテクノロジーを持ち込むと、イノベーターとなる。革新者である。

そしていまはディスラプターと呼ばれている。破壊者だ。

アタッカーからイノベーター、そしてディスラプターへという形で、ベンチャーは強く進化している。

ディスラプターというのは、革新的技術とともに新しくてユニークなビジネスモデルでもって、これまでの既存の産業のやり方や仕組みをすべて変えちゃおうということだ。いわゆる**創造的破壊**ってやつだ。イノベーションを通じて、イノベーターとしてというだけでなく、**ディスラプターとして全体を根こそぎ変える。** Amazonがそれまでの書店を中心とするエコシステムを破壊してきたように。

さあ、きみは、どんな未来を見るだろうか？　どんな社会をつくるだろうか？

KEY POINT

- ＡＩ
- ＩｏＴと５Ｇ
- ビッグデータ
- ブロックチェーンと仮想通貨、ＮＦＴ
- ロボティクス
- ＶＲ、ＡＲ、ＭＲ、メタバース
- ｉＰＳ細胞とゲノム編集
- ３Ｄプリンター

第8講

ビジョンをビジネスモデルに練り上げる

ビジネスモデルって何？

さて、長く、「着眼・突入・徹底」のうちの「着眼」の話を中心にしてきたが、いよいよ「突入」、「徹底」のフェーズに中心を移しながら考えてみる。

すなわち、切れ味のいいアイデア「着眼」を、具体的なビジネスモデルに落とし込んでいくフェーズだ。

実は、これまでも、折に触れ少しずつお話ししてきているので、なんとなくわかってきているんじゃないかと思うが、具体例を挙げながら、あらためて全体像をとらえてもらうことにする。

さて、着眼した。ビジョンを落とし込んだアイデアはいい。

でも、具体的にはどういう「ビジネスモデル」にするの？

ビジネスモデルをどうやってつくって、回していくの？


仲間はどうするんだ？　誰と一緒にやる？

お金あるのか？　エンジェル投資家に投資を依頼する？

このサービスでいいのかな。とりあえず、お客さんに訊いてみよう。テストマーケティングだ！


と、こんな具合に、トライ・アンド・エラーを繰り返して、儲かる仕組みをつくっていく。つまり、お客さんにとって、社会にとって、役立つ仕組みだ。


役立つ、すなわち、価値がある。

だから儲かる。

そうして、できあがるのがビジネスモデルだ。

このプロセスが、「突入・徹底」のフェーズだ。

つまり、**「突入・徹底」とは、ビジネスモデルをつくり、磨いていくことだ。**

すでにお話をした**三軸の「WHAT＋×HOW」の業務プロセスを磨き上げて、卓越した仕組み、巧みなオペレーションのモデル**につくり上げていくってことだ。

ところで、いまさらだが、まだ、ビジネスモデルの明確な定義はどうなっている？と心の中でつぶやいているちょっと頭でっかちの人もいるかもしれないので、ここで、きちんと書いておくことにする。

ひと言でいえば、

「ビジネスモデルとは、消費者と企業の間を繋ぐ、効果効率のある独自の仕組み」だ。

もちろん企業とお客さんの企業の間を繋ぐ仕組み（B to B）もある。

要は、**「ビジネスが、お金を生みながら、お客さんに感謝され、回っていく仕組み」**と言ったらいいかな。もっと短く言えば、**みなが喜ぶ「儲かる構造」**だ。

いろいろなビジネスモデルがあって、それらを分類して、図解した本もたくさん出ている。それまでになかったビジネスモデルを考えれば、イノベーターになる。まあ、テクノロジーの進化がない限りはほとんどないだろうが。

たとえば、もうきみも知っているとおり、Facebookのビジネスモデルは、人と人を繋ぐ場（プラットフォーム）を用意して、誰でも無料で利用できる代わりに広告を見ることになる、その広告収入で儲ける、というものだ。LINEもそうだし、Twitter（何度も言うが、いまはX）もそう。

これは、いくつか成功したビジネスモデルの中の代表格で、「プラットフォーマー」と呼ばれる。インターネットの普及と同時に生まれ、最もスケール（規模が大きくなる）し、爆速で成長してきている。

また、ビジネスモデルは、お客さんがエンドユーザーである消費者か、そうではないのか、によっても分類できる。

すでに何度も出てきているが、消費者向けのものは、Ｂ ｔｏ Ｃ（Business to Consumer）、企業を相手にするものは、Ｂ ｔｏ Ｂ（Business to Business）と言われる。たとえば、建築資材を工務店に卸すビジネスモデルなら、Ｂ ｔｏ Ｂ、施主（消費者）から家を建てる注文を受けて工事を行う工務店は、Ｂ ｔｏ Ｃのビジネスモデルだ。

きみたちが使っているAmazonのＥＣサイトは、Ｂ ｔｏ Ｃのビジネスモデルだが、実は、Amazonの最大の収入源であるクラウドサービスを行うＡＷＳの部門は、Ｂ ｔｏ Ｂのビジネスモデルだ。だが、この本では、Ｂ ｔｏ Ｃを中心にして説明していく。まずは、自分たち自身の等身大の課題から着眼し、自分たち自身も顧客としてビジネスモデルを磨いていく、そのほうがわかりやすいからだ。

では、Amazonの話も出たところで、Amazonを例に、ビジネスモデルを構築し、それを磨いていくとはどういうことなのか、説明していこう。Amazonは、いまもお話ししたＡＷＳクラウドサービスや、動画や音声コンテンツなどを提供する出版社やエンタメ企業的な面もたくさんあるが、ここでは起業初期からのコアであるビジネスモデル、本のAmazonショッピングサイトに注目する。Amazonしか使ったことのない人も多いかもしれないが、ビフォーAmazonがどんな具合だったのかも、想像力を高める練習になるから、一緒に考えてみよう。

新しいビジネスモデルが既存のビジネスモデルに置き換わるとき

ビジネスモデルづくりで重要なのは、ちょっと硬い表現になるが、「消費者のニーズを巧妙にとらえ、継続発展的に購買行動や消費行動に、効率性や高い満足度を実現する卓越性」を磨くことだ。そのためには、サイトそのものの使いやすさだけでなく、仕入れ、物流、決済ノウハウ、広告やマーケティングノウハウ、アフターサービスやクレーム処理ノウハウなど、統合的な一連の仕組みが必要だ。

では、Amazonではどうなっているか？　本を購入する場合を例に見てみよう。

まず、消費者のニーズをとらえる、という点。

きみは、本を普段、どこで買う？　大型書店で買う人、都会を除いて減ったよね。だって、読みたい本があるんだけれど、本の名前も著者名も思い出せない。そんなとき、書店に行っても、なかなか探せない。一応、ジャンルはわかって、そのコーナーに案内してもらったとしても、売れていない本だったり、古い本だったりすると、置いていないこともある。店内にある検索タッチ画面とにらめっこしても見つからないものは見つからない。

でも、Amazonなら？　思い出せる限りのキーワードを、スマホでもパソコンでも打っていくと、ダーッと出てくる。過去の検索履歴の巨大なデータを持っているので、多くの人が検索している本や、その人が前に検索したことのある本やその関連本がトップに出てくる。だから、探していた本は、あっという間に簡単に見つかる。

この本の見つけ方、つまり検索の仕方はどうだろう？　一般の書店に比べたら、消費者の満足度はかなり高いはずだ。

検索だけではない。購入も簡単だ。届け先も、支払い方法も、いったん登録しておけば、あとは、ポチッと押すだけ。しかも翌日、時間や地域によっては当日、届く。これ、満足度、高いよね。

以前、間違った住所に置き配されたことがあった。そのときは、ちょっとクレームを入れただけですべて一発キャンセル、お金はすぐ戻った。そして、再送の品がいつもよりさらに早く手元に届いた。以来、置き配の場所を二度と間違えない。

それでは、この高い満足度を得るためにAmazonは、ものすごいコストをかけているのか、というと、そうでもない。なにしろ、従来の店舗に必要な人件費はゼロ。AIや物流設備を動かすための電気代や作業人材やロボット、不断に進化させるプログラム開発費はかかっているけれど、店舗型にかけるコストに比べれば大きくはない。あえて言えば、ラストワンマイルの配送のコストは必要だが。従来の店舗が年間に多くて10万人の利用者数がせいぜいであるのに対して、Amazonならば世界中で年間10億人は軽い。延べ利用者を考えると天文学的数字になる。

店舗と店舗人材などの固定費不要で、オペレーションでは規模と範囲の経済がはたらき、コストは圧倒的に最小化される。

これが、ビジネスモデルというものだ。

ビフォーAmazon、従来の書店のビジネスモデルはどうだろう。

繁華街や駅の近くなど、人通りの多い、交通の便のいいところに、大きな店を構え、大量の書籍をストックして、明るい店内でお客さんが、本を探しやすくする。

仕入れという点では、毎月、何百社もの出版社から、何千何万タイトルの本が、取次と呼ばれる卸から、ほぼ自動的に納品される。返品可能なのでリスクを恐れず、大量にストックできる。さらに、定価が決まっているので、安売り競争に明け暮れなければいけない心配もない。

15年前、20年前までは、このビジネスモデルが、消費者にとっても、それを継続して続ける書店の側にとっても、さらに言えば、書店に本を流す出版社にとっても、最高のものだった。

それを破壊的に変えてしまったのが、Amazonだったわけだ。

新しいビジネスモデルというのは、既存のビジネスモデルを凌駕する形で現れる。

つまり、それが、お客さんに、それまでを超えるバリュー(覚えている? バリューというのは、コスト分のパフォーマンスだ)を感じさせるものなら、従来のビジネスモデルはそっくり取って代わられてしまう、ということだ。

ただし、現在も、Amazonではなく、書店で買うほうにバリューを感じるケースやお客さんもいる。実のところ、日本では、本の売上全体に占めるAmazonの割合は、まだ半分にもほど遠い。Amazon自身が、アメリカ本土にリアル書店を持ち始めたように、現時点では、リアル書店のすべてがオンライン書店に置き換わることが、必ずしも顧客の満足度を上げることには繋がっていない。

ビジネスモデルを考えるときの要素

ビジネスモデルについて、**「消費者と企業の間を繋ぐ、効果効率のある独自の仕組み」**

と簡単に定義しておいたが、専門的には、世界のいろいろな経営学者が、いろいろな定義をしている。本もたくさん出ている。

たとえば国内では、元早稲田大学ビジネススクール教授の根来龍之先生が、「ビジネスモデルとは、どのような事業活動をしているか、あるいは、構想するかを表す事業の構造のモデル」と、定義した上で、その事業の構造は、次の三つのモデルで成り立っているとしている。

①戦略のモデル
②オペレーションのモデル
③収益のモデル

図表12

根来龍之先生のビジネスモデルの定義

「どのような事業活動をしているか、あるいは構想するかを表現する**事業の構造のモデル**」と定義

戦略：
顧客に対して、仕組み（資源と活動）を基盤に、どのように魅力づけして提供するかについて表現する

オペレーション：
戦略モデルを実現するための業務プロセスの構造を表現する

収益：
事業活動の収益をいかに確保するのか。収益方法とコスト構造を表現する

ビジネスモデルの吟味・検討には**戦略・オペレーション・収益**の3つが必要。戦略の方向がビジネスモデルと顧客との接点を吟味するため、最も重要

戦略のモデルというのは、要するに事業の仕組みで、この事業のどこが魅力的なのかを具体的に表現したもの。**オペレーションのモデル**とは、戦略モデルを実現するためのさまざまな業務プロセスを表現したもので、**狭義のビジネスモデルは、この二つを合わせた「戦略のモデル＋オペレーションのモデル」**となる。

収益のモデルは、利益をいかに確保するのか、収益方法とコストの構造を表現したもの。前にもお話ししたが、英語ではこれを**マネタイズモデル**という。

また、慶應義塾大学総合政策学部教授の國領二郎先生は、さらにわかりやすく次のように説明してくれている。

ビジネスモデルとは、
①誰に（WHOってこと）
②どんな価値をどのように提供して（WHAT＋×HOWってこと）
③どんな資源（お金と仲間）を集めて
④どんなお金の稼ぎ方をするのか
を表現するもの。

図表13

國領二郎先生のビジネスモデルの定義

経済活動において
「四つの課題に対するビジネスの設計思想」と定義

・誰に、**どんな価値**を提供するか

・その価値を**どのように提供**するか

・提供するにあたって**必要な経営資源を**
いかなる誘因のもとに集めるか

・提供した価値に対して、
どのような収益モデルで対価を得るか

学生起業家の先輩の事例から、ビジネスモデルを体感しよう

以上が、大学の先生による、ビジネスモデルのいわば理論。まあ、そりゃそうだろうけど、実際のところ、どんなふうになるの？　とまだ、ピンときていないかもしれないね。もし、いまから、自分のアイデアで、ビジネスモデルを考えてみろ、と言われたら、どうしたらいいんだ⁉　と。

そこで、ひとつ、きみにとっても身近なベンチャーの事例をご紹介しながら、理解を深めてもらうことにする。

リブセンス。

社長の村上太一さんは、早稲田大学在学中の19歳のときに起業。２０１２年、起業

から6年目、26歳で、史上最年少で東証一部に上場したという伝説のアントレプレナーだ。

えっ？　そんなにすごい人がいるのに知らなかった。ホリエモンやZOZOTOWNの前澤友作さんみたいに有名じゃないじゃん、と思うかもしれない。でも、まともにベンチャーをやって、いまもやり続けている人って、案外目立っていないものだったりする。まあ、売上がさほど大きくない、ということもあるが。

いずれにしろ、もし、きみの起業の目的がネットやテレビで有名になることだとしたら、起業以外の他の方法を考えたほうが近道かもしれない。

さて、リブセンスはどういう事業を行う会社かというと、ひと言で言えば、パートタイムやアルバイトの求人サイトだ。

なんだ、そんなもの、前からある、ネットができる前は紙で存在した、と思うだろう。でも、リブセンスはそれまでのバイト用求人サイトとは徹底的に違っていた。どう違っていたかというと、成功報酬型のサービスなんだ。

それまでの日本の求人サイトは、リクルートも含めみんな、一種の広告媒体だった。つまり、1枠50万とか、大きいサイズなら100万円とか、そんな感じで、クライアントから求人広告費用をいただく。100万が100社なら、はい、それで1億円、そういうビジネスモデルだった。

それに対して、リブセンスでは、求人広告の掲載料は無料。タダだから広告と言わない。情報と言ったほうがいいのかもしれない。載せるのは無料だけれど、それでバイトが雇えたら1万円ください、決まらなかったら、ずっと無料で載せ続けますと、そういう約束をした。つまり成功報酬型、というわけだ。

着眼のきっかけは、村上君自身が早稲田の学生として、大学の近くの小さな食堂や本屋さんなどの求人状況とバイト先を探している学生の事情をよく知っていたことにあった。

つまり、大手の居酒屋チェーンならいざ知らず、1人雇えればいい、あるいは、2人か3人でシフトするのでもいいという店はたくさんある。しかしそういう店では、求人広告に何十万円も出せない。せいぜいが店に張り紙をする程度だ。それでは、その店でバイトしたいと思っている学生の目にちょうどよく留まるとは限らない。ならば！　というわけだ。

学生側からも、最初は、早稲田の学生限定だったから、地元の店がこんなに出てるじゃん、働き方に融通きかせてもらえるらしい、ということで、一気に広がった。まさに等身大のビジョンからの着眼だ。

さらに、バイトが決まると、リブセンスからお祝い金が出る。おめでとう！　5000円！　とか。いまでは、1万円だ。これも学生に支持される大きな理由の一つだが、自分自身が学生だったから、バイトが決まったときに誰かにおめでとうと言ってもらえることのうれしさがよくわかっていればこそのアイデアだった。

こうして、このビジネスモデルは当たり、やがて、首都圏全体へ、全国へと掲載企業を広げていく。そして、とうとう起業6年目にして、東証一部（現在は東証プライム）に上場したわけだ。

率直に言って、売上がその後、倍々ゲームで伸びて……というわけではない。上場後の苦労もいろいろとあった。売上はいまだ、50億程度だ。しかし、起業したスタートアップの3分の1が、3年以内に消えている中、10年を越えてコロナ禍も耐え、いまも元気だ。さらにいまでは、不動産や転職情報も扱っている。

では、なぜ、このリブセンスが成功したのか？
この着眼がもたらすバリューを考えてみよう。

バリューというのは、コスト分のパフォーマンスだったよね。しつこいようだが、頭に、というより、身体にたたき込んでほしいので何度でも言う。

このバリューを考える。まず、クライアント側から。

クライアントである求人企業やお店にとってのバリューとは何か？

彼らの成果、つまりパフォーマンスはただ一つ、募集した採用枠に最適な人材を採用することだ。

図表14

リブセンスの最初のビジネスモデル

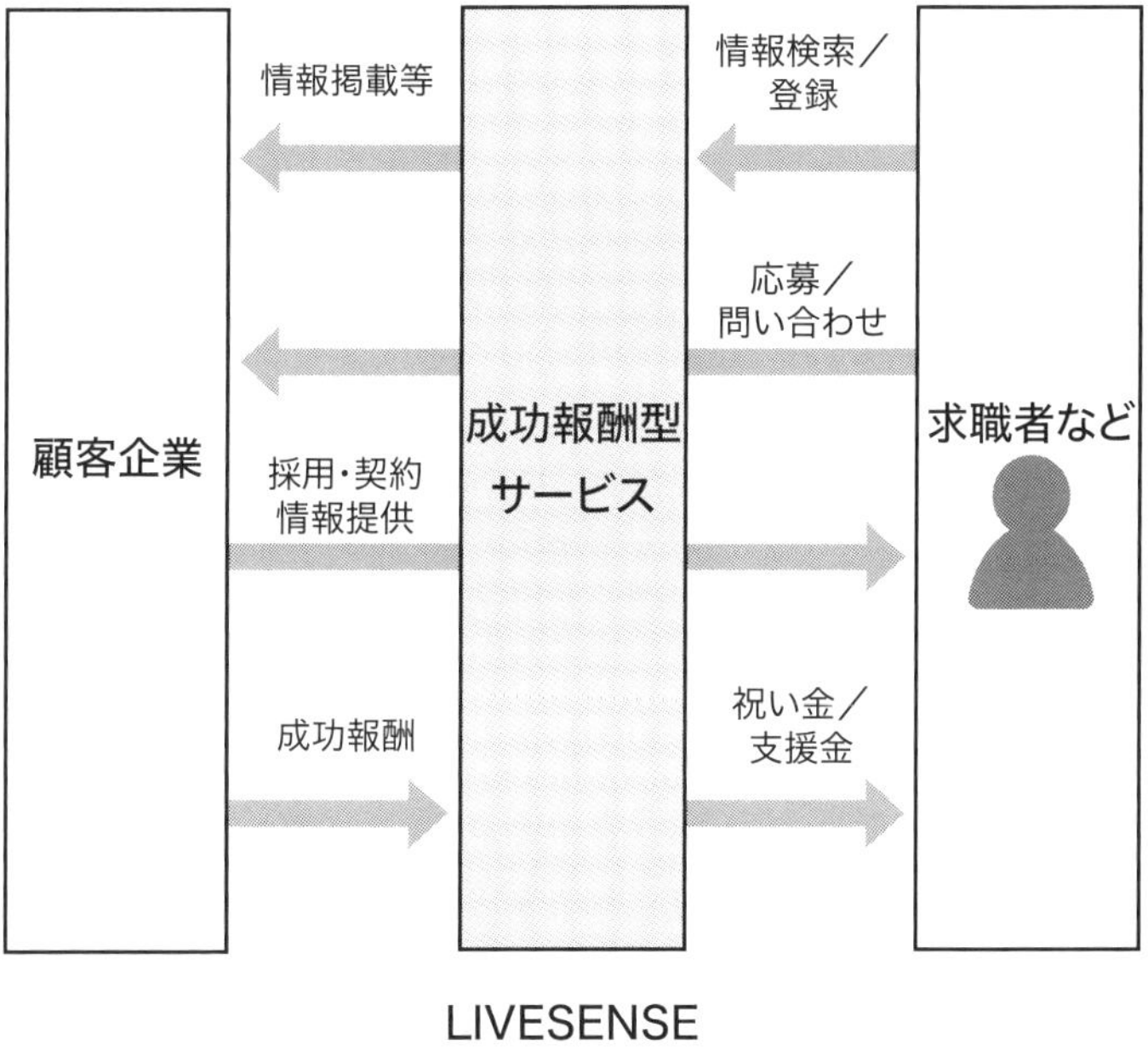

これがパフォーマンスなので、これをコストで割るわけだが、本来だったら、いい人が採れるかどうかわからない中で広告費を払うわけだから、不安で不満な状態が続く。ところが成功報酬だったら、どうか。コストを払わずに求人の広告を出してもらって、決まってから見合ったコストを払う。これは安心、バリューがある。

では、お客さん、つまり応募する学生の側からしたら、どうか？

お客さんである学生のコストといったら、求人先を探すための時間だ。どこかでバイトをしたいけど、なんかいい情報ないかなと探す時間がコストだ。すこしメンタルコストもかかる。そして、やっと納得できるいいところが見つかってはじめて、バリューが出る。

リブセンスは、そこに働きかけた。

選ぶ先に大手チェーンや企業ばかりでなく、身近な小さなお店や会社からの応募をできるだけたくさん並べた。ニッチで多様な選択肢が揃う。「前からお世話になっているあのレストラン。あのお店、あそこで働けるんだ！」そんなふうにすぐ見つかるから、コストがかからない。しかも、望んでいたところで働けるという成果（パフォーマンス）は大きいから、パフォーマンス／コストは、かなり大きくなる。つまり、バリューが非常に大きくなる。

かくして、学生たちは大手の求人バイト情報を捨てて、彼の情報サイトに集まってきたということだ。

こういうものをビジネスモデルという。前のページに図で示した。なんとなくわかってもらえたかな？

KEY POINT

ビジネスモデルとは

消費者と企業の間をつなぐ、
効果効率のある独自の仕組み。
皆が喜ぶ儲かる構造。

ビジネスモデルの要素

①戦略のモデル
②オペレーションのモデル
③収益のモデル
バリューをWHO・WHAT・HOWで組み立てる。

ビジネスモデル　根来先生の定義

どのような事業活動をしているか、
あるいは構想するかを表現する
事業の構造のモデル。

ビジネスモデル　國領先生の定義

①誰に
②どんな価値をどのように提供して
③どんな資源を集めて
④どんなお金の稼ぎ方をするのか　を表現するもの

破壊と創造

新しいビジネスモデルは、
既存のビジネスモデルを凌駕し、破壊する形で現れる。
イノベーションとは破壊と創造。

第9講

ビジネスモデルケーススタディ

リプセンスの例に続き、この講では、前の講でご紹介した「ビジネスモデル」の基本がどのようにアレンジされ、現実の社会でどのようになっているのか、有名なベンチャーの事例を挙げながら紹介しておこう。ちなみに、きみもひょっとしたら聞いたことがあるかもしれないMBA、経営学の修士コースのことだが、そこでの学習の中心は実際の企業研究、いわゆるケーススタディだ。

QBハウスのケース

まず、QBハウスだ。聞いたことがあるかな?

要は10分でプロのヘアカットだけしますという、ちょい刈りと呼ばれている散髪屋さんだ。値段も、最初は1000円だった。**10分1000円**。いまは税込み1350円だが、それでも安い。

首都圏には、いつの間にやら増えてきた。香港に行っても、あちこちにある。いまや、アジア中に展開している。国内外で700店舗以上だそうだ。

以上が、QBハウスの**戦略のモデル**の概要だ。
ではその、**オペレーションのモデル**を見てみよう。

QBハウスのWebサイトに入ると、検索した店舗が、いま、何人待ちか、どのくらい待つかが出る。黄色や緑のランプでそれが表示され、緑ランプなら、待ち時間なし、つまり待っている人は0。

街を歩いている途中に、ちょっとすき間時間があるからカットでもしたいと思ったら、近くの店を検索する。もし緑ランプがついていたら、店に飛び込んで15分後にはきれいにヘアカットした頭で出てくる自分がイメージできるわけだ。

一度行くとわかるが、とにかく業務プロセスが計算し尽くされている。ヘアスタイリストは、研究所の研究チームによって開発された、最短でプロのカッティングができる技術を徹底的に教え込まれる。旧来の理容、美容学校では習得するのに10年ぐらいかかった技術がごく短期間で身につく。指名はできないが、わたしは下手な人に当たったことは一度もない。

しかもヘアカットの席というかコックピットのような空間づくりが考え抜かれている。ヘアスタイリストが動く動線、その手の動き、視線の動きに、無駄が生じない設計だ。10分だからシャンプーはしない。その代わり、切った髪が頭髪に残らないように、バキュームで吸い取る機能を正面ブースに組み込んである。さらに切って落ちた髪の毛はそのブースの下から吸い込まれる。すべての作業が効率的に進むよう、よく考えられている。

では、**収益のモデル**についてはどうか?

QBハウスと普通の理容室1時間当たりのコストで比較してみよう。ここでは仮の数字を当ててみる。

まず、不動産コスト。QBハウスの席は、普通の理容室の席の大体半分ぐらいの席しかないから、QBハウスは1000円。普通の理容室は2000円。

次に人件費、これは同じプロなので、同じ2500円とする。

次に消耗品。実はシャンプー、リンス代というのが普通は、500円ぐらいかかっているのだけれど、QBハウスはシャンプーをせずに、かわりにバキュームでカットした細かい毛を吸い取って仕上げるので、0円。

ここまでで1時間当たりのコスト、3500円対5000円の差となる。

では、1時間当たりの売上はどうか？

通常の理容室は1人平均90分かけて、料金は9000円くらい。これを1時間当たりの売上に換算すると、6000円。6000円－5000円＝1000円でなんとか利益は出そうだ。

一方、QBハウスは、1人10分だから、1時間で6人、といきたいところだけれど、さすがにそれは無理なようで、1時間4人がいいところだそうだ。

つまり、1時間当たりの売上は、(1350円×4)－3500円＝1900円の利益。

単純計算だが、こちらのほうが、2倍近く儲かることになる。

もちろん従来の理容室も、ヘアカラーやパーマなどのオプションで、なんとか顧客単価を上げる努力はしているが。

とどのつまりは、**顧客にとってのバリューこそ**が大事だ。

考えてみると、いざ髪を切りに行こうと思っても、90分時間がとれる日は限られている。しかも予約できない限りだいたいは無駄に待たされる。週末は混雑するから平日にしようと思っても、理容室の空きと自分のスケジュール調整がとにかくやっかいだ。それが思い立ったときにすぐでき、すぐ終わるとしたら、しかもヘアカットの技術も平均点以上だとしたら……このバリューは大きい。

これじゃあ、普通の街の床屋さん、潰れちゃうんじゃないかだって？

そう、どんどん潰れている。最近は、男性も高額な有名美容室チェーンに行く人も増えているので、そういったところと、このＱＢハウスで二極化していて、真ん中の昔ながらの床屋さんは、立ちいかなくなっているのが現状だ。それでも潰れないでいるところは、オーナー自身が働いていて、人件費の分のコストイコール自分の収入となっているからだ。しかも、店の入っているビルのオーナーだったりすることもある。

図表15

QBハウスのビジネスモデル

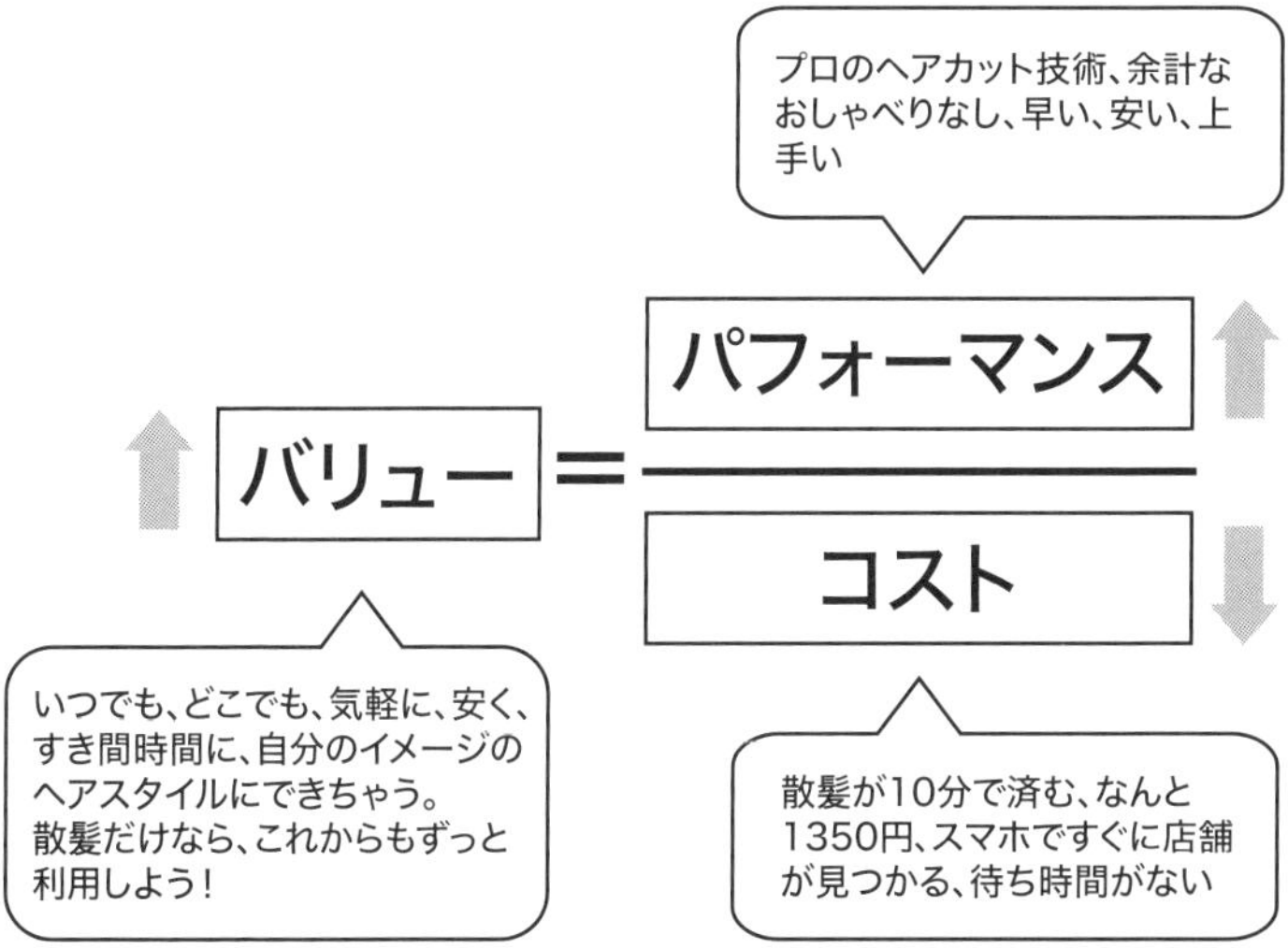
プロのヘアカット技術、余計なおしゃべりなし、早い、安い、上手い
パフォーマンス
バリュー
コスト
いつでも、どこでも、気軽に、安く、すき間時間に、自分のイメージのヘアスタイルにできちゃう。
散髪だけなら、これからもずっと利用しよう！
散髪が10分で済む、なんと1350円、スマホですぐに店舗が見つかる、待ち時間がない

©Satoshi Koga 2023

創業社長の故小西國義さんが、このＱＢハウスを始めたのは、１９９５年、55歳のときだが、彼は32歳のときに、いわゆる脱サラをして別の会社を起業している。実は、彼が引退して悠々自適な生活を送っていらっしゃる頃、ご趣味の釣りをお付き合いさせていただいたことがある。

小西さんがＱＢハウスを始める前まで、街の床屋さんというのは、お店にある漫画や雑誌を読みながら、あるいは近所の人とおしゃべりしながら、２時間ぐらい、待ち時間も楽しむような、そんな場だった。

しかし、時代は変わり、ビジネスマンには、短時間にヘアカットだけ済ませる理容室が必要だ！　そう見抜いた小西さんは、**最初から、10分１０００円、切った毛はバキュームで吸う、という基本モデルを決めていた**そうだ。

これぞまさしく、**着眼！　ビジョンの具現化**だね。

１９９６年に神田に1号店を開くとたちまち評判に。行列ができるようになった。せっかく10分にしたのに、１時間も並ぶようでは意味がないと、次々に店を増やしていったというわけだ。

JINSのケース

これは多分、きみも知ってるね？　ひょっとしてJINSでつくった眼鏡をかけている？　とにかく安い。早い。均一価格。まさに、眼鏡屋さんの常識を破った。これまでの眼鏡業界のビジネスモデルを破壊した。

創業者の田中仁《ひとし》さんがJINSを創業したのは、38歳のとき。きっかけは、友人との韓国旅行だった。そこで、激安眼鏡店がたくさんあることを知った田中さんは思う。日本で眼鏡といえば、デパートだとフレームだけでも数万円、安さを売りにしたチェーンでも、レンズを入れて一式最低3、4万円はするのに、なぜ韓国ではこんなに安いんだろう。

質が悪い？　そこで、一緒にいた眼鏡をしている友人に、激安店の一つでつくってもらうことにした。

なんと田中さん自身は目がいいので、眼鏡とは無縁だったのだ。

それでも、なぜだろう？　と思ったら実際に試してみないと気がすまない。まさに、アントレプレナーの基本的姿勢だ。

驚いたのは、ささっと視力検査をしてレンズとフレームを選んだと思ったら、何分後かには、はい受け取りです、と眼鏡ができてきたことだった。友人いわく、レンズは大手のもので、品質に何の問題もない。

これをバリューと言わずして、何と言う。まさに大きなバリューだ。

しかも、レンズ選びと言っても、日本だと、ＵＶカットをつけますか？　最新の薄型にしますか、など、どんどんオプションがついて値段が高くなっていくわけだが、どんなに近眼でも、乱視でも、遠近両用眼鏡でも、一律価格。オプションの料金を一切とらずにつくってくれる。

これは要するに、レンズの格安の調達ルートを持っているからだな、そのままパクっちゃえ、と田中さん。一号店を韓国に近い九州に出店する。

つまり、JINSの**ビジネスモデル**はパクリだったわけだが、それでもいい。韓国にあって日本にないものを見つけ、**真似してユニークに進化させていく。それも、着眼だ。**

JINSの**オペレーションのモデル**を強くしたのは、なんといってもレンズとフレームのメーカーから直の、つまり中抜きの、大量仕入れだ。現在、レンズでもフレームでも日本で最大の仕入れ業者となっている。**事実上、自社工場のようにメーカーの生産をコントロールしているのだ。**

しかも、その**大量のレンズとフレームを、各店舗でストック**している。大きな店以外は取り寄せになるようだが、たとえば、東京の原宿店なら、朝行って、検眼して注文して、お昼でも食べて店に戻ると、もうできあがっているといった具合だ。

図表16

JINSのビジネスモデル

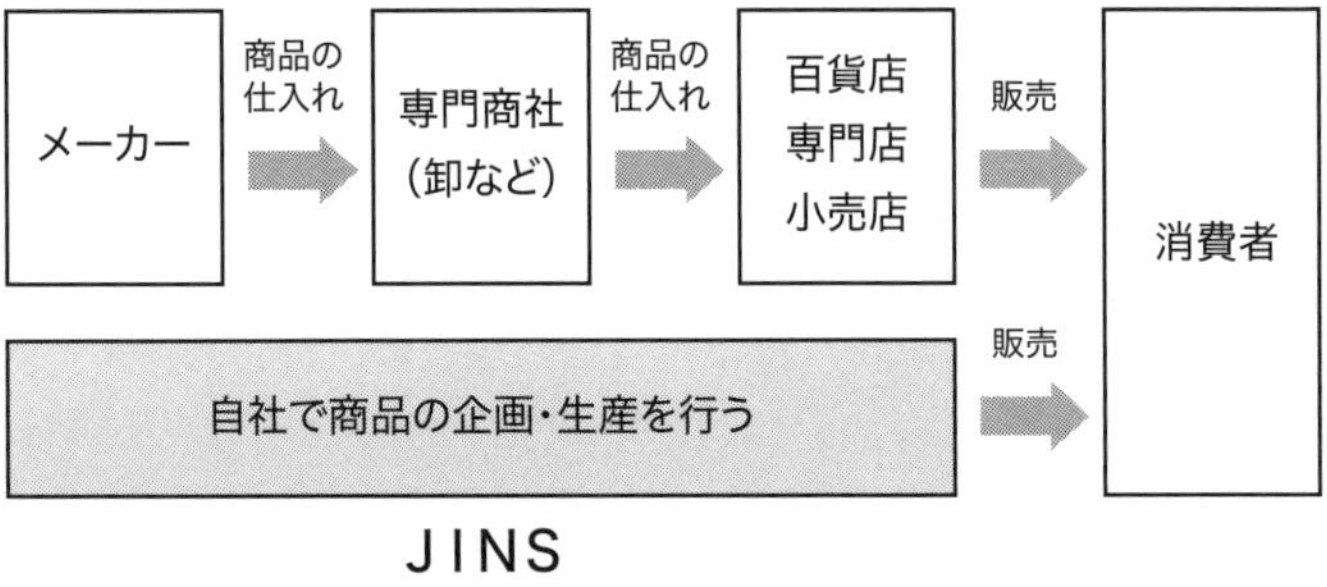

ユニクロのオペレーションにも似ている。いわゆるSPA業態と言われているビジネスモデルだが、眼鏡業界に本格的に持ち込んだのはJINSがはじめてだ。

この大量仕入れによる店内ストックが、材料費のコストを大幅に抑え、一律1万円程度の販売でも利益が出るようにしているだけでなく、注文からできあがりまでの驚くべき速さも、**顧客にとって大きなバリュー**となっている。

クックパッドのケース

きみは、自分で料理をする？ したことがあるなら知っているはずの、クックパッド。料理レシピのコミュニティサイトで、一般の人が自分の料理のメニューを投稿する。プロではない一般の人が投稿するという点で、「食べログ」「Yahoo! 知恵袋」などとともに、CGM（Consumer Generated Media＝消費者生成メディア）のはしりでもある。スマホが生まれるよりずっと前、1997年にスタートした。インターネットの黎明期のネットベンチャーの古参の一つだ。

つまり、日本ではじめての、素人が投稿する料理レシピサイト。この**着眼**がよかった。ただ、実はこれも、まったくのオリジナルではなくて、さっきのJINSと同様、一種のパクリ。オーストラリアにあったサイトの真似だ。

一般的に、素人のレシピのいいところは、プロの料理の本にあるレシピとは違って、簡単に手早くできるつくり方が中心となっているところだ。料理を生業としているプロの料理人ではなくて、主婦などが中心だから、みんな忙しい。お金も時間もかけたくない。でも、おいしくて栄養のバランスのとれたものを家族に食べさせたい。そんな知恵が詰まっている。

で、それが口コミを呼んで、気がつけば、月次利用者数約6000万人超・掲載レシピ数500万品以上だそうだ。もちろん、そこに至るまでには、いいね！ がたくさんつくレシピを定期的にたくさん投稿する人たちへの、モチベーションを維持するためのインセンティブなど、さまざまな工夫がこらされてきた。

この規模の主婦のコミュニティになると、料理に使う調味料や香辛料、材料などの食品メーカーが広告を出したがる。タイアップしたがる。次第に、その広告料金はクックパッドにとっても大きな収入源となっていき、最初の収益のモデルの柱となった。いまでは、有料会員への課金も大きな収入源となっていて、実はそれが、「収益の民主化」を唱えるクックパッドのこだわりでもある。

2009年に、当時の東証マザーズ上場。2011年には、東証一部に市場変更（現在は東証スタンダード）。アメリカとイギリスに子会社をつくり、同じプラットフォームで、それぞれの国でのレシピを素人が投稿する場とした。

図表17

クックパッドのビジネスモデル

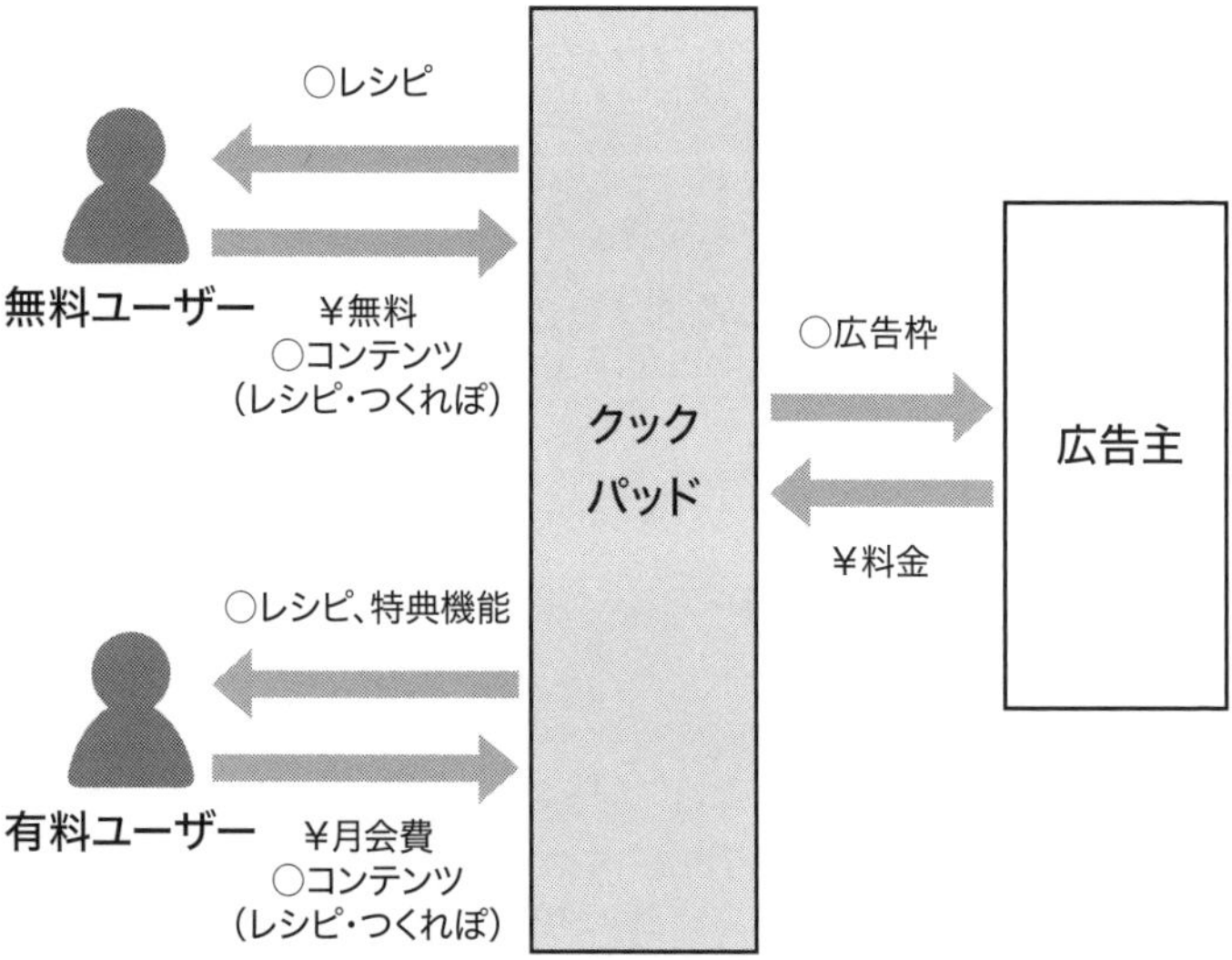

ただ、このクックパッドもいろいろあって、いまや低迷し、転機を迎えようとしている。

最近の他のレシピサイトの台頭は著しい。他のものは、投稿サイトではなくて、コンテンツをサイト側が用意するものだが、そのために、レシピの数には限界があるものの、当たり外れが少ない。つまり、クックパッドはユーザーが自由にレシピを投稿できるため、レシピの質は玉石混淆で、たまに危険なレシピが掲載されていることもあったが、サイト側がコンテンツとしてレシピを用意している場合は、そういう危険は稀だ。

ライバルという点では、料理系YouTuberの台頭も見逃せない。動画の強さだ。チャンネル投稿者数100万人超えのスター料理系YouTuberが何人もいる。

他のレシピサイトや料理系YouTuberの収益のモデルは、基本、広告収入で、有料会員からの会費を収入源としたいクックパッドとは異なる。だが、このように無料で多くのレシピが入手できる中、その有料会員の数が伸び悩み、売上も、2016年を頂点に、年々減り続け、残念ながら凋落傾向を脱し切れていない。

ＩＰＯしたからといって必ずしも成長が続かないのが、ベンチャーの運命でもある。パクリから始めて一番になったとして、同様に、違った形でパクられて、そっちのほうがもっとうまくやっていく。ベンチャー同士の戦いは速く、激しく、厳しいものだ。

これまでも時々お話ししてきたが、スタートアップ、ＩＰＯも難しいが、以後も会社が成長を続けていくのは、さらに難しい。クックパッドのこれからに期待したいところだが、さて、きみがクックパッドの次の社長なら、どんな手を打つだろうか？

KEY POINT

QBハウス

「切りたいときに、すぐ！
10分1000円で、プロのヘアカットだけします！」
戦略のモデルの秀逸さと、
それを実現する徹底したオペレーションモデル。

JINS

レンズとフレームの中抜き大量仕入れで、
コスト大削減。一律価格。
メガネ業界の価格破壊を実現した収益モデル。
各店舗にレンズとフレームをストックすることで、
数時間ですぐできるオペレーションモデル。

クックパッド

CGM（消費者生成メディア）のはしり。
料理レシピコミュニティサイトという、
斬新な戦略モデルを世界展開。
広告収入だけではなく、
有料会員からの課金による収益モデル。
競合との圧倒的差別化が課題。

第10講

エンジェル投資家の視点

ピーター・ティールの20 under 20プロジェクト

ピーター・ティールという名前を知っているだろうか？

では、ペイパル（PayPal）は？　こちらは聞いたり見たりしたことがあるよね。ＥＣサイトやＷｅｂサービスでの支払い手段として、クレジットカードや銀行振込、コンビニ払い、着払いなどと並んで、選択肢の一つとして出てくる、オンライン決済サービスだ。

たとえば、きみが自分のＷｅｂサイトをつくり、そこで何か売ろうとする。そのとき、頭を悩ませるのが売上金の回収方法だ。銀行振込の後払いだと、払ってくれないんじゃないかと心配だが、かといって前払いだと、買う側の抵抗が大きい。しかも海外の顧客ともなれば、海外送金手数料がハンパない。でも、クレジットで払ってもらえるようにするには、クレジット会社との契約が必要で、これは昔は、スタートアップですぐにできるようなものではなかった。

そんなときに、売る側も買う側にも、最もハードルが低いのがPayPalだった。買う側が、PayPalにアカウントをつくり、クレジットカードや銀行口座を登録すれば、以後は、そのアカウントから簡単に支払いができる。

いまでは、似たようなオンライン決済サービスがいろいろあるが、PayPalはそのフロントランナーだ。20年以上の歴史を持ち、200以上の国と地域と100以上の通貨をカバーし、業界最高水準のセキュリティを誇る。

ちょっと長くなってしまったが、このPayPalをつくったのが、ピーター・ティールという起業家で、**若者の起業支援を行うティール・フェローシップ財団**の設立者であり運営者でもある。

実は、このPayPal、当時、若きイーロン・マスクが率いていたX.com社が、ピーター・ティールが率いていたコンフィニティ社の手法を取り入れるという形で、合併し設立された会社でもある。

そのほか、ティールは、Facebook（現在のMeta）の最初の外部の投資家でもあり、社外役員も長く務めていたほか、話題のChatGPTを開発したOpenAIの設立にも参画していて、アメリカでは、スティーブ・ジョブズを凌ぐ天才とも言われている。

「起業を志す20歳未満の優秀な若者20人に、10万ドルずつを与える」

2010年に発表されたティール・フェローシップのプログラム 20 under 20 プロジェクトは、たいへんな話題を呼んだ。何しろ、その参加条件というのが、そのプログラム参画中の2年間、学校をドロップアウトすることだったからだ。

翌2011年に発足し、現在は対象年齢が22歳未満に引き上げられて、ドロップアウトの期間も1年に変更されているが基本的なコンセプトは変わらないようだ。

最初は400人程度だった応募者も、最近は毎年3000人を超えるという。

その中から選ばれた20人に対し、その夢の実現のために10万ドルを与え、2年間、シリコンバレーの最も中枢にいる起業家や投資家のコミュニティの一員に加えて、みんなで助言し、みんなで支援していく。

もともと応募する子たち自体が、もうかなりいってる子ばかり、つまり、奇人、変人、異才、天才。その中から選び抜かれるわけだから、普通の優等生じゃないよね。普通のドロップアウト学生でもない。

たとえば、ビットコインと並んで有名な仮想通貨であるイーサリアムを考案したのは、ここの出身者だし、不老不死のプロジェクトを立ち上げた女子もいる。

実は、このピーター・ティール自身は、出願したハーバードを含む四つの大学すべてから入学許可を得たといわれる大秀才で、スタンフォード大学で哲学を専攻、その後、ロースクールで博士号を取得したスーパーエリートだったのだが、アメリカエリートたちのソサエティが全く性に合わなかったようだ。弁護士事務所に就職するも、どこも長続きせず、結局、家族や友人から資金提供を受けて、いわゆるベンチャーキャピタルを設立。その2年後にPayPalの前身となるスタートアップ、コンフィニティ社を起業した。

そこから、彼の起業家、投資家としての人生が始まる。

正統派エリートの道を外れた自分自身の体験から、あえてドロップアウトを条件としたのだろう。

実際、スティーブ・ジョブズも、ビル・ゲイツも、世界で最も先進的なシリコンバレーの初期の頃をリードしてくれた連中は、誰一人として、大学を出ていない。入ってはいるが、出ていない。

つまり、彼らは、大学にいる間にやりたいことを見つけちゃって、大学に行く暇などなくなってしまった。大学が嫌いなんじゃなくて、大学に通っている暇があったら、自分のベンチャーをやりたい。そういう想いに突き動かされていった。

だから、大学をやりながらでもいいけれど、もし、若いうちに、そういう夢を見つけてしまったら、できるだけ早いうちに、がむしゃらにそれに向かって突き進んだほうがいい、それが成功の確率を上げるんだと、起業家先輩としてまた投資家として、ティールは言いたいんだと思う。

できるだけ早いうちに進んだほうがいい理由は、もう一つある。それは、彼の代表的な著作で、日本でもベストセラーになった『ZERO to ONE』（NHK出版 2014）にも書いてあるように、早く始めれば早く失敗できるからだ。

失敗こそ勲章だ、と彼は言う。

実際、20 under 20 の出身者でも、実は、失敗する人のほうが多い。でも、その失敗こそが糧となって、次のチャレンジを生むんだ。挑戦と失敗の自由こそが、若さの特権だ。

あらためて言おう。最初は、みんな、ベンチャーだった

さて、この授業も、いよいよ大詰めだ。

あらためて言おう。なぜ、ベンチャーの話をやっているか？　なぜ、きみたちがベンチャーを起業することを期待しているのか？

ベンチャー？　素人が始める小さな会社のことだろう？　などと言う大企業の「サラリーマン」（古いか？）の大人たちの声なんて聞かなくていい。その人が勤める「立派な大企業」だって、もともとはベンチャーだったんだから。財閥系？　先にお話しした三井財閥の三井高利だって、三菱財閥の岩崎弥太郎だって、いまで言うベンチャーのアントレプレナーだ。

ベンチャーなくして、いかなる新しい産業も生まれていない。

たとえば、いま、自動車産業というのは世界最大の産業の一つになっているけれど、では、100年前に、自動車産業ってあったのか？

なかった。100年前には、この地球上に、自動車産業というのはなかった。それがいま、世界経済を支える一翼となっているのは、ベンチャーのおかげだ。いくつもの自動車ベンチャーのみんなが、全身全霊、生涯をかけて、挑戦をしてくれたからだ。

パソコン、つまりパーソナルコンピューター産業だってそうだ。それって、50年前にあった？　ない。影も形もない。パソコンを最初につくってくれたアントレプレナーたち、多くのベンチャーがあったから、いまがある。スマホだってそうだ。

現在わたしたちが文明の利器として享受しているもの、サービスすべて、その産業は、もともと、たった一つのベンチャーから生まれた。

だから何だって？

そういう将来の新しい産業をつくるかもしれない、そのきっかけになるかもしれないなというベンチャーを見つけたら、迷わずに飛び込んだらどうですか？　ということだ。あるいは、自らそのベンチャーを始めてみたらどうですか？　ということだ。

失敗したっていい。始めるのに、早すぎることはない。

さあ、きみたちの番だ It's your turn.

ということで、最後に、総復習だ。

まず、起業家・事業化の三原則は、**着眼・突入・徹底**だ。

いわゆる**ビジネスモデル**は、この三つの段階を経て、完成する。正確には、最初のビジネスモデルができる。

まず、**どんなビジョンを描くか**が、ベンチャーを決める。

未来の地球、人類、社会に起こりうる課題は何だろうか？

はたまた未来の身近な生活、幸福感は、どのように実現されるのだろうか？

わたしたちは未来の人々から、社会からどんな問いを受けているのだろうか？

現在にとらわれることなく、自由に描くことからビジョンが生まれる。

そのビジョンのもとで生まれるのが**着眼**だ。着眼はビジョンの動詞だ。着眼なくしてベンチャーを起こすことはできない。ビジネスモデルも生まれない。

次に、**突入**。業務プロセスをざっと組み立て、思いついた商品やサービスを実際に市場に投入してみる。**最初のオペレーションのモデルを組み立てるステージ**だとも言える。

そして、お客さんからのフィードバックを受けて、さらにそのオペレーションモデルを磨いていくのが**徹底**だ。

ただし、これでビジネスモデルが完成するわけではない。重要なモデルがある。そう、**マネタイズモデル**、つまり**収益のモデル**だ。

どこで、どのように儲けていくのか？　どのように儲けの仕組みを発展させていくのか？　たとえば、覚えているだろうか。損益分岐点を想定しての売上なのか？　課金なのか、広告収入なのか？　といったことだ。

一人ひとり違うダイナミックプライシングを採用できないか？

売切りではなく月々チャリンチャリンともらうサブスクで売れないか？

さらに、価格設定も極めて重要だ。

課金にする場合はいくらにするのがいいのか？

お客さんが笑顔で買ってくれる値段は？

コストを極限まで下げて、少しでもリーズナブルな価格にできないか？

さて、この最初のビジネスモデルを磨いていく過程には、常に立ち戻らないといけないものがある。それが、最初の、着眼だ。ビジョンから落とし込んだ着想やコンセプトは間違っていなかったか、という**ゼロからの振り返りが必要だ。**

もし着眼・突入・徹底の最初の仮説のビジネスモデル（これを**プロトタイプ**、動詞で**プロトタイピング**と呼ぶ）が、あちこちで引っかかるようならば、あるいは、検証の結果、思惑どおりの計画値を超えてこないようであれば、勇気を持ってここで、やめる。プロトタイプを捨てることだ。

ここまでにかかったお金と時間は返ってこない。でも、すっぱりとあきらめる。忘れる。失敗した！　って砂の上に書こう。

そしてどうするか？

もう一度ゼロベースに戻って、最初からビジョン、着眼、そして突入、徹底と、次のビジネスモデルのプロトタイピングを始めればいい。

これがアントレプレナーシップだ。挑戦したからこその失敗、そして次の挑戦だ。

では、復習に戻ろう。

繰り返しになるが、最初の着眼、ビジョンを持つためにはどうするか？

ビジョンは未来の課題だ。いろいろな枠組みや視点からの疑問を持つことだった。

WHY？ だ。

いろいろな視点の枠組みには、鳥の目、アリの目、等身大の目、魚の目があったね。

具体的に取り組みたい課題が見つかれば、ビジョンの動詞となる着眼が生まれてくる。


このビジョンからの着眼づくりに役立つのが**三間**、つまり**人間、空間、時間**だった。

あらゆる間に、あらゆる着眼の機会があったよね。ここでとにかく多くの着眼をどんどん出しておくことだ。多産多死を覚悟した上で。

これだ！　という着眼ができれば、とにかく手に汗、身体に汗、脳ミソに汗をかきながら、**ひたすら情報を集める**んだ。

どうやって？


それが、**三現主義**だ。

覚えているかな？　**現場、現実、現物の三現主義。**

そして、**三軸で考える**こと。

誰を対象に？　ペルソナ。WHO。

どんな価値を？　WHAT。

どのように届けるか？　HOW。

これをこねくり回しながら具体的な形にすれば、ビジネスモデルになる。

そして、**バリュー**を忘れない。お客さんにとっての価値だ。

お客さんは価値がないと、ついてこない。では、その価値（バリュー）はどうやって組み上げるのか？　それが、次の公式だ。

バリュー＝パフォーマンス／コスト

以上を、一枚の図にまとめると、次のようになる。

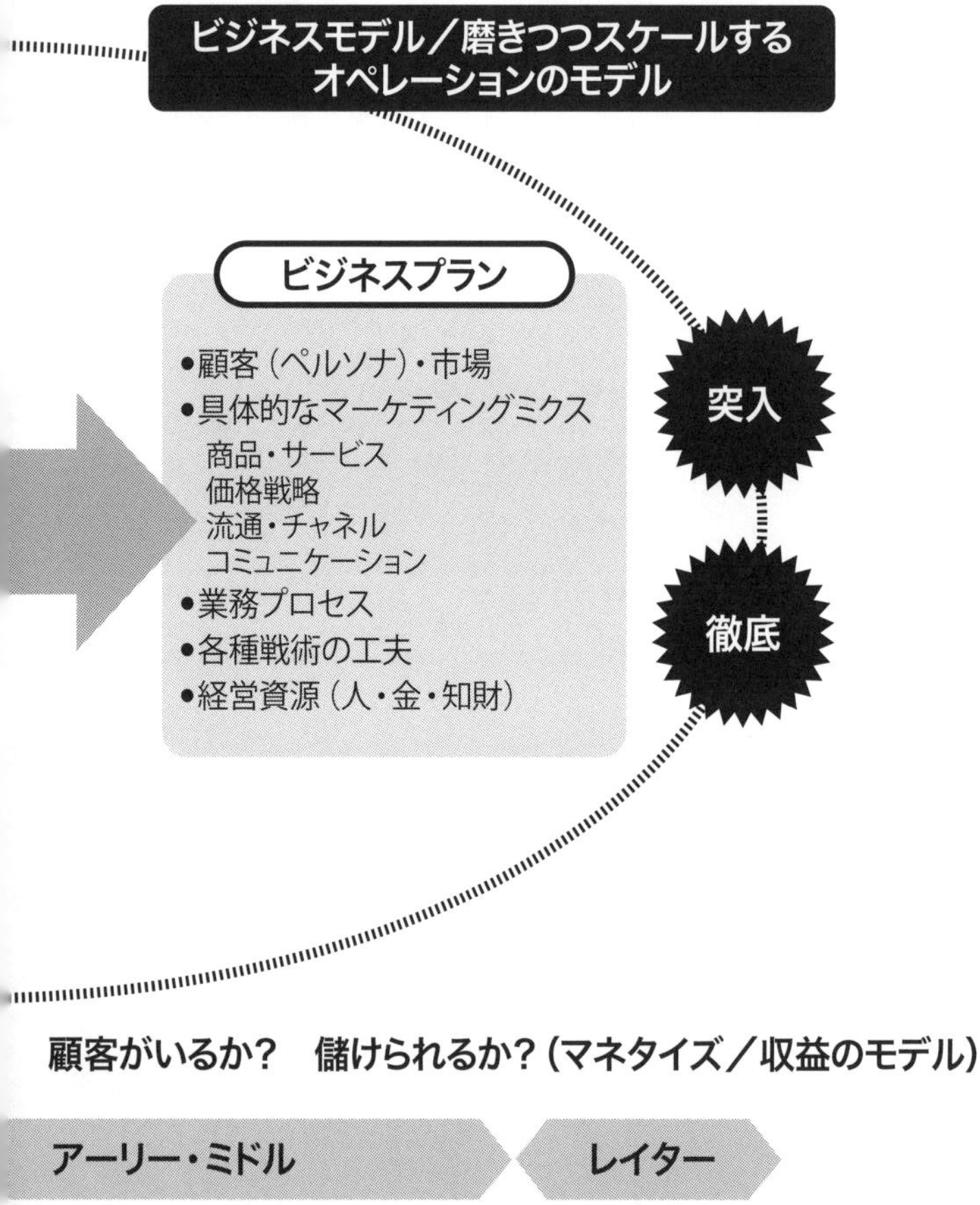

ビジネスモデル／磨きつつスケールする
オペレーションのモデル
ビジネスプラン
●顧客（ペルソナ）・市場
●具体的なマーケティングミクス
商品・サービス
価格戦略
流通・チャネル
コミュニケーション
●業務プロセス
●各種戦術の工夫
●経営資源（人・金・知財）
突入
徹底
顧客がいるか？　儲けられるか？（マネタイズ／収益のモデル）
アーリー・ミドル
レイター

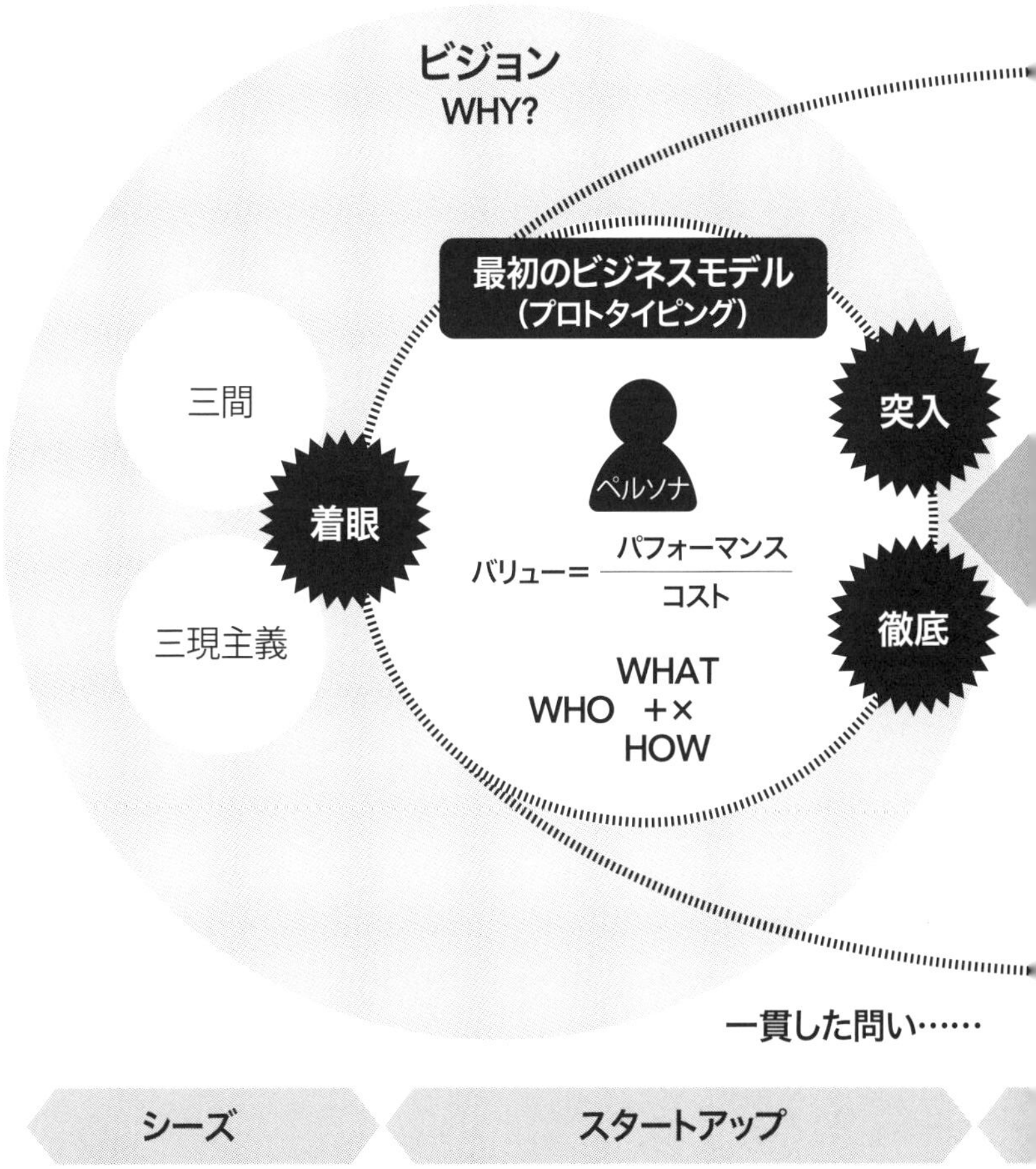
ビジョン
WHY?
最初のビジネスモデル
（プロトタイピング）
三間
三現主義
着眼
ペルソナ
バリュー＝ パフォーマンス / コスト
WHAT
WHO +×
HOW
突入
徹底
一貫した問い……
シーズ
スタートアップ

ビジネスプランとピッチ用の提案書をつくってみよう

さて、現実的には、着眼から突入・徹底するとき、すなわちビジネスのビジョンが動きだすときから、必要になってくるものがある。

それは、第一に、仲間。

そして、お金だ。

最初のプロダクトをつくるのにも、テストマーケティングをするのにも、お金がいる。

お金は、昔は、自己資金、もしくは土地家屋や生命保険を担保とした銀行融資が中心で、だから失敗したら一家離散、二度と立ち直れないなんてイメージがあったが、いまは、最初の自己資金以外は、エンジェル投資家やベンチャーキャピタルや大手の事業法人から株式で資金調達することが普通だ。

いずれにしろ、**志は大きくてもまずは小さく始める**のが主流だ。

では、具体的には、どうやって、仲間とエンジェル投資家や支援者を募るのか？ということだが、このためには、まずは、二つの資料をつくる。

ひとつは**ビジネスプラン**（ツボを押さえたアウトラインで構わない）。もう一つは**ピッチ用の提案書**だ。

前者はパワポなどにまとめて提示したり配布したりする。

後者はピッチコンテストなどのプレゼンテーションの場で利用する。

必要な項目を挙げておこう。

ビジネスプラン（アウトラインの項目）

①背景・課題・ビジョン・想い・志など

インパクトのあるもの、突き抜けたもの

②顧客（ペルソナ）・市場

現在はともかく、未来の市場の成長可能性が求められる

③ビジネスモデル

マーケティングの具体的な要素

・商品・サービス　バリューを説明する、顧客には買う理由がいる

・価格戦略　顧客視点、競合視点を入れる

・流通・チャネル　顧客のコストを最小化する

・コミュニケーション　顧客と商品・サービスの関係性にマッチングする手法

④業務プロセス

ビジネスモデルやオペレーションのモデルの斬新性

⑤各種戦術の工夫

特筆すべき戦術のアイデアがあれば列挙しておく

⑥経営資源（人・金・知財）

時間軸（5～8年）に沿って、

チームづくり、資金調達、研究開発などをどうするか、を描く。

チャンスと想定される外部環境の変化の予測も、時間軸に沿って示す。

ピッチ用の提案書のつくり方

投資家や支援者などに自分たちのビジネスプランを提案する場をピッチ（コンテスト）と呼ぶ。

多くのエンジェル投資家や事業法人の新規事業担当者が聞いてくれる機会なので、参加しない手はない。チャンスがあれば、どんどん参加することをお薦めする。多くのアントレプレナーの卵たちが、同じ環境と条件でピッチするので、刺激にもなるし、勉強にもなる。

プレゼンテーションの時間は2分がグローバルスタンダード。長くて5分。その後質疑応答の時間がある。別室での質疑応答の場があって話し合うことができるありがたい形式もある。

プレゼンテーションは大事だが、質疑応答こそしっかりこなせるよう入念な準備を怠らないこと！

したがってピッチ用の提案書は、**プレゼンテーションで使う分と、質疑応答に答えるために使う分を意識して用意**しておく。**比率は2対8ぐらい**で、質疑応答用の資料はしっかり用意をしておくこと。

ピッチ提案書は、ビジネスプランを基礎資料として「PREP」の構成でつくる。

Points　結論つまり提案骨子
Reasons　根拠や理由、背景や未来課題
Evidence & Examples
　検証データや証拠、あるいはプロトタイプやテスト結果、アナロジーとなる他社事例など
Points　そして再び結論つまり今日の提案骨子。聴き手に求めていること

「PREP」の構成を前提としつつ、ピッチには、**オリジナリティとメリハリ**をつける工夫をする。

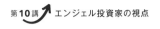

たとえば、こんな流れのピッチ、プレゼンテーションとなる。

わたしたちのビジョンは何か、何が課題と考えているか？　どんな未来からの問いに答えたいのか？　一緒に想像してみよう！

その解決策、ソリューションとして、具体的にどんなプロダクト、サービス、モデルを社会実装したいのか？

社会実装できると、どんな未来が待っているのか？

なぜそれが最もいいのか？　誰が顧客か、その顧客にとってのバリューは何か？

以上を極力、**定量化とビジュアル化で、見える化する**ことを心掛ける。

定量化すれば聴き手の左脳に訴え、ビジュアル化すれば聴き手の右脳やハートに訴える。

さらになぜこの解決策が最もいいのか？　その背景、理由、根拠が何かを、洞察した上で示す。**簡潔に三つ程度にまとめる。**

そして、ここに証拠はあるとか、ここにプロトタイプがあるとか、テストマーケティングの結果を見せるとか、技術が重要ならば実証データを見せる。ある程度取り組んできたならば、その実績、その成功事例を見せる。

聴き手が提案のエッセンスを理解したところで、次は、**その挑戦と達成への道のりを説明する。**時間軸と数字の入った展開計画（売上やコストや営業利益などの**財務計画は必須**）。投入が必要となる経営資源（人材、資金、知財など）と達成指標（顧客数、継続顧客率、顧客単価、コンバージョン率などの**KPI**（Key Performance Indicator＝重要業績評価指標）を示す。

その他、質疑応答用の資料として、より細かなペルソナ像とその市場規模、外部環境、戦略と戦術、４Ｐ（マーケティングミクス）、コラボレーションの可能性、制約やリスクの想定、行政などの許認可など、詳細な分析や計画や設計についての骨格と重要性の高いポイントを説明できる資料を用意しておくことになる。

どうだろうか。

最後の質疑応答用の資料に必要な経営戦略のフレームワークや知識については、いきなり耳慣れない言葉が出てきて面くらっているかもしれないが、気にしなくていい。また別の機会に、講義したい。いまは、起業のために、はっきりさせておく必要があることのイメージをつかんでくれればいい。

で、最後だ。本当に最後だ。

しつこいようだが、もう一度、起業するにあたって重要なことを振り返ってみよう。

□そのビジネスは、誰に、どんな価値を提供するのか？

□その価値をどのように提供するのか？

□提供するにあたって必要な経営資源（仲間とお金）をどうやって集めるのか？

□その価値に対して、どうやって利益を得るのか？　循環させるのか？

このうち、最も重要なのは、どんな価値を提供するのか？　ということだ。

そして、それは、いま、目の前にあることだけでなく、未来の起こりうるであろう世の中に役立つものであることだ。業をただ企てただけではなくて、新しい業態を生んでいく。地球上ではじめて誕生する産業に繋がるような仕掛けをしていくことだ。

ピーター・ティールのような力も財力もないけれど、いちエンジェル投資家として、わたしも常に、そういう若者を探している。

そして、それは、きみだ。

あとがき

現代日本のきみたちは、ちょっと変に大人すぎる。ちゃんとし過ぎている。キチンとし過ぎている。

その、何が問題かって？

だって、若者はいつの時代でも、人類史においても、大人たちがつくったいまの世界に反抗するものだろう？

日本の若い人たちには、なんだか反抗心が見えない。あるのかもしれないが、見えない。おとなしい。

スウェーデンの若き環境活動家のグレタ・トゥーンベリさんとか、タリバンに挑む人権運動家のマララ・ユスフザイさんとかと比べちゃいけないが、納得いかないことがあれば、もっと素直に反抗的になればいい、と思う。

なぜ、最後にこんなことを言っているかというと、本書のテーマである「アントレプレナーシップ」の精神について、みなさんへ語りかけたい、その想いは、現代の若い人たちの反抗心への期待から湧き上がったからだ。若い人たちと交流していて、もっと反抗してほしい、と思ったことがきっかけだからだ。

自分の親たちがそうだったように、自分がそうだったように、現代日本をつくってくれた大先輩たちみんながそうだったように。若者はいつの時代も、理由があって反抗する、のがよい。

大人たちがつくったすべての常識やルールがウザいし、四角四面で窮屈だし、命令口調で素直に従うのも納得できない。でも利用できるものは好き放題ちゃっかり使わせてもらう。それが若いってことだ。若さの勢いだ。特権でもある。

アントレプレナーシップは、そんな勢いがあって、反抗心のある、怖いもの知らずの若さと、相性がいい。とても、アニマルスピリッツってことだ。

大先輩たちは、当時の大人たちのつくった世界に反抗し、自分たちの描く新しい価値観で、自分たちが楽しめる理想の未来をつくろうとがむしゃらに頑張った。

昭和の高度成長期はその結果生まれたものだ。酒とたばことファッションで自己顕示し、バイクを乗り回し、自動車で羽目をはずす、そんなちゃんとしていない、キチンとしていない、当時の大人たちが眉をひそめる、若者たちの文化を謳歌したものだ。

その若さの勢いが、たくさんの昭和のベンチャー企業を生んでいった。すでにつぶれてしまったベンチャーもたくさんあるが、いまも生き残って成長しているトヨタやソニーなど有名な大手企業はすべて、その勢いから産声をあげたベンチャーばかりだ。

そのさらにひと昔前となると明治維新。やはり血気盛んな若い志士たちが、大人たちのつくった世界をぶち壊しながらつくったベンチャーが、いまも経済界に存在感を持ついわゆる旧財閥系の大手企業グループとなっている。

きみたちも、根っこにあるアントレプレナーシップ、反抗心を、我慢しないで発揮してほしい。大人たちのつくった世の中の、常識や仕組みやビジネスや商品に、反抗心をキチンと持って、ちゃんとした大いなる疑問を抱いてほしい。

これってまだ必要？　本当にこんなのでいいの？　どうしてそうなるのか？　なぜそうすべきなのか？　ゼロベースで本質的に考えてみたら、何かおかしくないか？

そう思ったら遠慮せず、それをビジネスや商品やサービスという仕組みや形にして、仲間を巻き込んでベンチャーを立ち上げ、世の中にぶつけてみようじゃないか。

自分たちが想う、目指す、希望を持てる、未来の世の中、面白き世にするために！

本書は、干場弓子さんの数年前の声がけで現実化した。干場さんは常に挑戦されている。というか、楽しんでおられる。ディスカヴァー・トゥエンティワンという真面目で少し反抗的なビジネス書系出版社の共同創業者だ。ディスカヴァー社長時代もご一緒させていただき、『もう終わっている会社』というビジネス書としてはやんちゃな本を上梓させていただいた。退任になってとても残念だったが、また起業された。「時代に矢を射る 明日に矢を放つ」BOW BOOKSをスタートアップされた。干場さんは地でいくアントレプレナーだ。

BOW BOOKSで本書を上梓させていただくことは運命と摂理にかなっているし、わたしとしてはとてもありがたく、本望だ。

本書とご一緒いただだいて、ベンチャーに少し興味を持ち始めたきみたちへのアドバイスを、最後に少し。

脳ミソに汗をかくほど考えることは大事だが、勉強モードはダメ。頭でっかちはダメ。答えのないことにチャレンジするからには、失敗を当たり前として受け入れる。まずは行動ありきで、とにかく実践することと体験することをめちゃくちゃ楽しむ。仲間と出逢う、仲間をつくる、仲間を巻き込む。仲間と分かち合う。

そう、自分たちの未来をつくるんだから！
そして、それは、きみ自身の未来を変えることから始まる。

古我 知史

著者紹介

古我 知史 こが さとし

早稲田大学政経学部政治学科卒業後、モンサント、シティバンク、マッキンゼー・アンド・カンパニーなどを経てウィルキャピタルマネジメント株式会社を設立、80社の起業、事業開発や投資育成の現場に、投資も含め、直接参画してきた。

九州大学大学院客員教授、FBN（ファミリービジネスネットワーク）ジャパン理事長、一般社団法人衛星放送協会外部理事などを歴任。 橋下徹が大阪市長時代に進めていた大阪都構想に参加。大阪府市統合本部特別参与として、経済部門を担当した。 現在、県立広島大学大学院客員教授、京都大学産学官連携本部フェロー、IPOを果たしたベンチャー企業の取締役などを兼任。

主な著書に『戦略の断層』（2009年英治出版）『もう終わっている会社』（2012年ディスカヴァー）『リーダーシップ螺旋』（2021年晃洋書房）など。

BOW BOOKS 019

いずれ起業したいな、と思っているきみに
17歳からのスタートアップの授業
アントレプレナー入門　エンジェル投資家からの10の講義

発行日　2023年8月30日　第1刷

著者	古我知史
発行人	干場弓子
発行所	株式会社BOW&PARTNERS https://www.bow.jp　info@bow.jp
発売所	株式会社 中央経済グループパブリッシング 〒101-0051　東京都千代田区神田神保町1-35 電話 03-3293-3381　FAX 03-3291-4437

ブックデザイン	遠藤陽一（DESIGN WORKSHOP JIN）
編集協力＋DTP	BK's Factory
校正	鴎来堂
印刷所	中央精版印刷株式会社

BOW BOOKS

時代に矢を射る　明日に矢を放つ

WORK と LIFE の SHIFT のその先へ。
この数年、時代は大きく動いている。
人々の価値観は大きく変わってきている。
少なくとも、かつて、一世を風靡した時代の旗手たちが説いてきた、
お金、効率、競争、個人といったキーワードは、もはや私たちの心を震わせない。
仕事、成功、そして、人と人との関係、組織との関係、
社会との関係が再定義されようとしている。
幸福の価値基準が変わってきているのだ。

では、その基準とは？　何を指針にした、
どんな働き方、生き方が求められているのか？

大きな変革の時が常にそうであるように、
その渦中は混沌としていて、まだ定かにこれとは見えない。
だからこそ、時代は、次世代の旗手を求めている。
彼らが世界を変える日を待っている。
あるいは、世界を変える人に影響を与える人の発信を待っている。

BOW BOOKS は、そんな彼らの発信の場である。
本の力とは、私たち一人一人の力は小さいかもしれないけれど、
多くの人に、あるいは、特別な誰かに、影響を与えることができることだ。
BOW BOOKS は、世界を変える人に影響を与える次世代の旗手を創出し、
その声という矢を、強靭な弓（BOW）がごとく、
強く遠くに届ける力であり、PARTNER である。

世界は、世界を変える人を待っている。
世界を変える人に影響を与える人を待っている。
それは、あなたかもしれない。

代表　干場弓子